국어 공부가 되는 초등 어휘력

국어 공부가 되는
초등 어휘력

장세현 글
이경석 그림

휴먼어린이

(초대하는 글) **국어 공부가 만만해지는
어휘의 힘**

    한 나라의 국민들이 쓰는 언어를 '국어'라고 해요. 국어는 일상적인 생활 언어지만 이를 조리 있게 잘 쓰는 사람이 있는 반면, 그렇지 못한 사람도 있어요. 그 차이는 어디서 비롯할까요?
    말은 어휘로 이루어져요. 예를 들어, '엄마, 방, 책' 이 세 개 낱말을 나열한다면 굳이 문장을 만들지 않아도 그대로 뜻이 전달돼요. '엄마가 방에서 책을 읽고 있다.'는 의미가 자연스레 완성되거든요. 따라서 국어를 조리 있게 잘 쓰는 데 가장 기본이 되는 것도 바로 '어휘'예요. 크고 튼튼한 집을 멋지게 지으려면 땅바닥의 기초를 단단히 다져야 하듯이, 국어를 잘하기 위해서는 넓고 풍성한 어휘력을 갖추는 것이 중요하답니다.
    이 책은 국어 공부의 기초가 되는 어휘력을 단단히 쌓아 주기 위해 만들었어요. 어휘가 지닌 뜻은 물론이고, 그 말이 생겨난 뿌리에

대한 궁금증도 함께 풀어 줄 거예요. 지독한 구두쇠를 보고 왜 자린고비라고 하는지, 낚시 광을 강태공이라고 부르게 된 이유는 무엇인지, 왜 치명적인 약점을 아킬레스건이라고 하는지 등 어떤 말이 생겨난 근원을 재미있는 이야기로 들려주고 있어요.

어휘는 하루아침에 뚝 떨어진 게 아니라, 저마다 탄생의 비밀이 있어요. 책장을 넘기면서 우리가 자주 쓰는 어휘에 이런 기막힌 사연이 깃들어 있었구나, 하며 놀랄 거예요. 아울러 어휘에 얽힌 재미있는 이야기 속으로 푹 빠져들게 될 거예요. 웃음 나는 기이한 사연이 깃든 어휘도 있고, 가슴 찡한 역사적 사건을 배경으로 만들어진 어휘도 있지요. 이처럼 하나의 어휘 속에는 다채로운 이야기와 함께 역사와 문화가 스며들어 있어요. 따라서 우리가 어휘를 안다는 것은 단지 그 말뜻을 아는 데 그치지 않아요. 어휘를 통해 세상의 다양한

문화와 역사까지 경험할 수 있으니까요.

노아의 방주나 바벨탑 같은 말에서 성서의 세계를 엿볼 수 있고, 미궁이나 미다스의 손, 판도라의 상자, 아킬레스건 같은 어휘를 통해 그리스 신화와도 만날 수 있지요. 또한 어휘의 뿌리를 찾아들어가다 보면 우리나라는 물론이고 동양과 서양의 역사도 읽을 수 있어요. 함흥차사, 말짱 도루묵, 땡전, 십년감수처럼 우리 선조의 역사가 고스란히 깃든 말이 있는가 하면, 마라톤이나 스파르타 교육, 마녀사냥, 면죄부, 백일천하, 좌파와 우파처럼 서양의 역사적 사실에서 비롯한 말도 수두룩하니까요. 물론 여기에 사면초가나 토사구팽, 출사표, 오십보백보 같은 동양의 고사성어도 빼놓을 수가 없지요.

어휘의 유래를 알면 지식과 교양이 풍부해질 뿐 아니라 올바른 언어 표현 방법도 익힐 수 있어요. 어휘가 가진 이야기와 의미를 통해

어떠한 상황에서 어떻게 써야 하는지 쓰임새를 정확히 파악할 수 있답니다. 이 책을 한 장 한 장 넘기면서 여러분이 그동안 궁금하게 여겨 왔던 것들을 하나씩 풀어 보세요. 마지막 장을 넘길 때쯤이면 자신도 모르는 사이 세상을 보는 눈이 커져 있을 거예요.

　이 책을 통해 어휘력을 쌓고, 더불어 국어 공부 실력도 키우기를 바랍니다. 그럼, 지금부터 어휘로 통하는 지식 세상의 문을 열어 볼까요?

장세현

차례

초대하는 글 국어 공부가 만만해지는 어휘의 힘 4

1
국어 공부가 되는 **우리말 어휘**

함흥차사 13 · **계란유골** 17 · **꾸어다 놓은 보릿자루** 21 · **말짱 도루묵** 25

강강술래 29 · **땡전** 33 · **십년감수** 36 · **을씨년스럽다** 40 · **노다지** 44

자린고비 48 · **안성맞춤** 52 · **시치미를 떼다** 56 · **보릿고개** 60

찻잔 속의 태풍 64 · **망부석** 68 · **내 코가 석 자** 72

2
국어 공부가 되는 **서양의 어휘**

악어의 눈물 79 · **노아의 방주** 83 · **바벨탑** 87 · **미다스의 손** 91

아킬레스건 95 · **오이디푸스 콤플렉스** 99 · **미궁** 103 · **판도라의 상자** 107

마라톤 111 · **스파르타 교육** 115 · **주사위는 던져졌다** 119

클레오파트라의 코 123 · **산타클로스** 127 · **면죄부** 131 · **마녀사냥** 135

코페르니쿠스적 전환 139 · **콜럼버스의 달걀** 143 · **엘도라도** 147

드라큘라 150 · 샌드위치 154 · 백일천하 158 · 좌파와 우파 162

보이콧 166 · 메이데이 170 · 마지노선 174 · 디데이 178

만우절 182 · 카리스마 186 · 다크호스 190 · 지킬 박사와 하이드 씨 194

햄릿형 인간 197 · 돈키호테형 인간 200

3
국어 공부가 되는 동양의 어휘

강태공 207 · 맹모삼천지교 211 · 오십보백보 215 · 모순 219

사족 223 · 백년하청 227 · 사면초가 231 · 배수진 235 · 토사구팽 239

유언비어 243 · 양상군자 247 · 백미 251 · 출사표 255 · 읍참마속 259

삼십육계 줄행랑 263 · 천리안 267 · 철면피 271 · 숙맥 275

함흥차사

심부름을 가서 오지 않거나
늦게 온 사람을 일컫는 말.

"어휴, 더워라! 날씨가 푹푹 찌는구나."
돌풍이네 가족이 선풍기 앞에 모여 앉아 더위를 식히고 있었어요.
"아빠, 우리 수박 사다가 시원한 얼음물에 띄워 먹어요."
"좋지, 내가 얼른 다녀올 테니까 엄마랑 기다리고 있거라."
돌풍이는 엄마와 함께 아빠가 사 올 수박을 애타게 기다렸어요.
그러나 한참이 지나도록 아빠는 돌아오지 않았어요.
"어휴, 하여간 너희 아빤 어디 가기만 하면 함흥차사야!"
"함흥차사가 뭔데요?"
"뭐긴…… 너희 아빠 같은 사람이지."

"아빠 같은 사람이요?"

"조선을 건국한 태조 이성계 알지?"

"예, 날아가는 새도 떨어뜨릴 만큼 활을 잘 쏘았다는 사람 말이죠?"

"그래, 이성계는 나라를 세워 임금의 자리에 올랐지만 마음고생을 많이 했단다. 아들들이 서로 다음 임금이 되려고 싸움을 벌였기 때문이지. 그 싸움의 장본인은 다섯째 아들 방원이었어. 이성계는 아들들이 서로를 죽이기까지 하자 세상사에 뜻을 잃고 임금의 자리를 내놓았지. 그러고는 한양을 떠나 송도로 갔단다."

"그럼 다음 임금은 누가 되었어요?"

"뒤를 이어 둘째 아들 방과가 왕위에 올라 조선 2대 임금인 정종이 되었지. 그러나 얼마 지나지 않아 방원이 임금의 자리를 차지했어. 그가 바로 태종이야. 그 소식을 들은 태조 이성계는 매우 노여워하며 송도를 떠나 먼 함흥 땅으로 들어갔단다. 아예 세상과 인연을 끊어 버렸던 거야."

"그럼 태종은 아버지를 찾지도 않았나요?"

"아니야, 태종은 아버지를 다시 한양 땅으로 모셔 오려고 애를 많이 썼지. 그래서 왕의 심부름꾼인 차사를 수도 없이 함흥으로 보냈단다. 그런데 함흥에 간 차사들은 돌아오지 못했어."

"왜요?"

"화가 머리끝까지 나 있던 이성계가 태종이 보낸 차사를 오는 족족 죽였기 때문이야. 서로 왕이 되려고 형제끼리 피를 부른 싸움을 지켜본 태조의 심정이 오죽했겠니. 심부름꾼만 애꿎게 목숨을 잃은 거지. 그때부터 **가고는 돌아올 줄 모르는 사람을 가리켜 '함흥차사' 라고 부르게 된 거야.**"

"아, 그렇구나!"

"그나저나 너희 아빠는 왜 아직도 안 오시니?"

엄마는 은근히 걱정이 되는 눈치였어요.

"엄마, 제가 나가서 한번 찾아볼까요? 대신 아이스크림 사 먹게 돈 좀……. 히히히."

돌풍이는 엄마에게서 돈을 받고는 부리나케 달려 나갔어요. 그런데 30분이 지나도록 돌풍이는 돌아오지 않았어요.

"어휴, 이 녀석 아이스크림 사 먹을 돈으로 피시방 간 게 틀림없어. 수박 사러 간 사람이나 찾으러 나간 사람이나 둘 다 함흥차사군!"

계란유골

달걀에도 뼈가 있다는 뜻으로, 운이 나쁜 사람은 모처럼 좋은 기회를 얻어도 일이 잘 안 됨을 이르는 말.

조선 시대의 황희 정승은 성품이 청백하고 소탈하여 많은 일화를 남겼지요. 그는 당시 높은 벼슬자리에 있으면서도 몹시 가난하게 살았어요. 그가 사는 초가집은 비가 많이 오면 빗물이 새고, 쌀독에 쌀이 떨어지는 날도 자주 있었어요.

하루는 임금이 황희 정승을 도와줄 방법을 생각했어요.

'음, 황 정승이 사는 모습이 너무 안쓰럽군! 도와줄 마땅한 방법이 없을까?'

한동안 생각에 잠겨 있던 임금은 무릎을 탁 쳤어요.

'옳거니, 그러면 되겠구나!'

임금은 신하를 불렀어요.

"여봐라! 내일 하루 동안 남대문을 드나드는 물건을 몽땅 사서 황희 정승의 집에 갖다주도록 하여라!"

이렇게 명을 내리고 나서 임금은 몹시 흐뭇했어요. 하루 동안 성문을 드나드는 물건의 양은 꽤 많았거든요.

'이젠 황 정승의 살림도 좀 나아지겠지.'

그런데 문제가 생겼어요. 하필 그날 아침부터 비가 내리기 시작했던 거지요. 비는 하루 종일 그치질 않았어요. 그러니 성문을 오가는 사람들의 발길이 뚝 끊어지는 건 당연했지요.

겨우 성문을 닫을 무렵이 되어서야 어떤 시골 노인이 계란 한 꾸러미를 들고 들어왔어요. 그리하여 결국 황희 정승에게 돌아간 것이라곤 계란 한 꾸러미가 전부였어요.

황희 정승은 처음엔 이것마저도 받지 않으려고 했어요.

"아니, 이유 없이 이런 물건을 받다니…… 안 될 말이오!"

"이건 임금님의 특별한 명령으로 가져온 것이니 받으셔도 됩니다."

"그럼 이웃의 가난한 사람에게나 갖다주시오."

"그래도 이건 임금님께서 주신 건데……."

한참 동안의 실랑이 끝에 황희 정승은 계란을 받았어요.

그날 저녁이었어요. 밤늦게까지 책을 읽던 황희 정승은 배가 출출했어요.

'음……. 그 계란이나 삶아 먹어야겠군.'

그러나 계란을 삶고 보니 속에 뼈가 있어서 하나도 먹을 수가 없었어요. 아마도 병아리가 되려던 계란이었던가 봐요. 본래도 욕심이 없긴 했지만 정말로 운수가 없는 정승이었지요.

'계란유골', 즉 계란에도 뼈가 있다는 말은 여기서 비롯했어요. 이는 운이 나쁜 사람은 좋은 기회를 얻어도 별 이득이 되지 않는다는 뜻이지요.

옛 속담에 "재수가 없으면 뒤로 넘어져도 코가 깨진다."는 말이 있는데, 이와 비슷한 뜻이라고 할 수 있어요.

꾸어다 놓은 보릿자루

여럿이 모여 웃고 이야기하는 가운데
그저 듣기만 하고 어울리지 못하는 사람을 일컫는 말.

조선 시대의 연산군은 백성을 다스리는 일에는 소홀한 채 술과 놀이를 일삼던 임금이었어요. 임금이 백성을 돌보지 않자 나라가 점차 어지러워졌지요.

"허어, 왕께서 허구한 날 술과 계집의 치마폭에서 헤어날 줄을 모르니……. 나라 꼴이 말이 아니오."

"그러게 말이오. 옳은 말을 하는 신하는 멀리하고 간신들의 아첨에만 귀를 기울이시니……. 원, 참."

"뜻 맞는 사람끼리 뭔가 대책을 세워야 하지 않겠소? 임금을 몰아내든지 해야지."

"쉿! 누가 듣겠소. 자, 사람들 눈을 피해 조용한 데서 얘기합시다!"

연산군의 행동을 보다 못한 몇몇 신하는 비밀리에 일을 꾸미기 시작했어요. 성희안, 박원종을 비롯하여 이들과 뜻을 함께하기로 한 신하들은 연산군을 몰아내고 나라를 바로잡기로 했어요.

마침내 거사 날짜가 잡혔어요.

"오늘 밤 모두 박원종의 집으로 모이시오. 마지막으로 내일 할 일을 점검해 보아야겠소."

뜻을 같이한 사람들이 다 모이자 성희안은 이야기를 시작했어요.

"자, 각자 준비에 차질은 없는지 돌아가면서 말해 보시오."

그런데 이상한 일이었어요. 모두 돌아가면서 이야기를 하는데 구석에 앉은 오직 한 사람만은 입을 꼭 다물고 있는 게 아니겠어요? 하지만 달빛도 없는 데다 비밀이 새어 나가지 않도록 촛불도 켜지 않은 터라, 그가 누군지 알아볼 수가 없었어요.

성희안은 가만히 모인 사람들을 세어 보았어요. 놀랍게도 모이기로 한 사람보다 한 명이 더 많았어요. 깜짝 놀란 성희안은 얼른 박원종에게 귀띔을 했어요.

"박 대감, 염탐꾼이 들어와 있소."

박원종은 흠칫 놀라 주위를 둘러보았어요. 염탐꾼이 있다면 내일

의 거사는 실패하고 여기 모인 사람들도 누구 하나 살아남지 못할 거예요.

박원종은 정신이 번쩍 들어 눈을 크게 떴어요. 그러고는 한 사람 한 사람 둘러보았지만, 아무리 살펴도 염탐꾼은 보이지 않았어요.

"성 대감, 대체 누굴 보고 그러시오?"

성희안은 말없이 한 사람을 손가락으로 가리켰어요. 성희안이

가리키는 손끝을 바라보던 박원종은 껄껄 웃었어요.

"하하하! 성 대감, 그건 사람이 아니라 내가 내일 거사를 위해서 꾸어다 놓은 보릿자루요."

정말 자세히 보니 보릿자루였어요. 그런데 거기에 누군가 갓과 도포를 벗어 놓아 흡사 사람으로 보였던 거지요.

"허허, 내가 너무 긴장했나 보군. 꾸어다 놓은 보릿자루를 사람으로 착각하다니!"

그 뒤로 모임에서 말을 하지 않고 한쪽에 앉아 그저 듣고만 있는 사람을 '꾸어다 놓은 보릿자루'라고 해요.

말짱 도루묵

열심히 공들여 노력했지만
아무 소득이 없는 헛된 일이나 헛수고를 이르는 말.

    조선 시대의 이야기예요. 섬나라 일본은 호시탐탐 우리나라를 노리고 있었어요. 그러던 중 선조 때 일본은 마침내 전쟁을 일으켰어요. 임진왜란이 일어난 거지요. 우리 군사와 의병들은 온 힘을 다해 맞서 싸웠지만, 신식 무기인 조총으로 무장한 일본군을 당해 낼 수가 없었어요.

    이윽고 일본군이 한양 근처까지 밀고 올라왔어요. 선조는 하는 수 없이 피난길에 올랐어요. 아무런 준비도 없이 급작스레 떠난 길이라 피난처에서의 생활은 형편없었지요. 잠자리는 물론이고 음식도 초라하기 짝이 없었어요.

그러던 어느 날, 한 백성이 생선 꾸러미를 들고 찾아왔어요.

"상감마마께옵서 이런 생선도 드실지 모르겠습니다."

신하들은 크게 기뻐하며 생선을 요리해서 선조께 바쳤어요. 오랜만에 고기 맛을 본 선조는 그 담백한 맛에 홀딱 반했어요.

"음…… 내 평생 이렇게 맛있는 생선은 처음이구나. 도대체 이게 무슨 고기냐?"

신하들은 선조의 물음에 아무도 대답하지 못했어요.

"상감마마, 그 고기는 어떤 백성이 가져왔는데 저희도 처음 보는 것이옵니다."

"오, 그런 충성스러운 백성이 있다니! 그를 데려오거라."

이윽고 생선을 바친 백성이 선조의 부름을 받고 달려왔어요.

"음, 네 덕분에 별미를 맛보았구나. 그런데 그 고기의 이름이 무엇인고?"

"예, '묵'이라고 하옵니다."

"허어, 고기 맛에 비해 이름이 보잘것없구나."

선조는 한동안 고기를 살피다가 무릎을 탁 쳤어요.

"옳지, 고기의 배 쪽이 은백색으로 빛나는 게 아주 고귀해 보이니 앞으로는 '은어'라고 부르도록 하여라."

마침내 임진왜란이 끝났어요. 바다에서 이순신 장군과 같은 훌륭한 장수들이 목숨을 걸고 일본군을 물리쳤기 때문이지요. 다시 궁궐로 돌아온 선조는 피난길에 먹었던 맛있는 물고기가 생각났어요.

"여봐라, 오늘 저녁에는 은어 요리가 먹고 싶구나."

그런데 상에 올라온 은어를 맛보던 선조는 얼굴을 찌푸렸어요. 예전의 그 담백한 맛이 온데간데없었던 거지요.

"이런, 맛이 형편없구나. 은어가 이렇게 맛없는 고기였다니……. 도로 묵이라 불러라."

그리하여 '묵'이라는 고기는 '도로묵'이 되었다가 나중에 '도루묵'으로 바뀌었어요. 흔히 일이 제대로 풀리지 않고 처음 상태로 되돌아갈 때 '말짱 도루묵이다.'라고 하지요.

강강술래

여러 사람이 함께 손잡고 원을 그리며 돌면서 춤추고 노래 부르는 민속놀이.

충무공 이순신 장군에 얽힌 이야기예요. 임진왜란 중 나라를 위기에서 구한 이순신 장군은 용맹과 지혜가 뛰어났어요. 가는 곳마다 싸움을 승리로 이끌어서 왜적들은 장군의 이름만 들어도 벌벌 떨 정도였지요.

한번은 이순신 장군이 어느 전투에서 큰 승리를 거둔 뒤, 군사들에게 술과 음식을 나누어 주었어요. 여러 날 전투를 치르느라 지친 군사들을 위로하기 위해서였지요.

"오늘 밤에는 실컷 마시고 즐겨라. 내가 노래를 하나 가르쳐 줄 것이니, 밤새 칼로 뱃전을 두드리며 부르면 더 흥이 날 것이다."

"야호, 만세! 장군님이 최고다!"

병사들은 환호성을 지르며 좋아했어요.

"장군님이 오늘은 웬일일까? 여느 때 같으면 이기고 난 뒤일수록 더 긴장을 풀지 말라고 다그치셨을 텐데……."

"그러게 말일세. 장군님이 노래도 가르쳐 주신다니 무슨 일인지 모르겠네."

이때 이순신 장군이 병사들에게 지어 준 노래가 바로 오늘날 전라도 지방에서 널리 부르는 〈강강술래〉랍니다. '강강술래'라는 후렴을 되풀이하는 이 노래는 흥겹게 부르며 밤을 새우기에 안성맞춤이었어요.

한편, 낮에 전투에서 참패한 왜적들은 멀리서 이 모습을 보고 손뼉을 치며 좋아했어요. 그러잖아도 보복을 하려고 벼르던 참인데, 달이 밝고 안개가 자욱한지라 밤에 갑자기 공격하기에 꼭 알맞은 날이었거든요.

'킥킥! 하늘이 우릴 돕는구나. 저렇게 술을 마시며 난장을 부리니 새벽녘에는 모두 곯아떨어지겠지. 그 틈에 우리가 쳐들어가 쑥대밭을 만들어 놓는 거야. 그러면 천하의 이순신도 꼼짝 못 할 거다!'

이윽고 왜적의 장군은 부하를 불러 명령했어요.

"지금 당장 용맹이 뛰어난 병사들을 골라 결사대를 꾸려라. 그리고 모두 알몸에 칼 한 자루만을 지닌 채 조선군의 배로 헤엄쳐 들어가 곤히 잠든 군사들을 습격하라!"

그러나 왜적의 결사대는 배 위에 올라와 보지도 못하고 미리 숨어 있던 우리 군사들에게 모조리 목숨을 잃고 말았어요. 이순신 장군이 왜적의 계략을 짐작하고 속임수를 쓴 것이지요.

그 밖에 전해 오는 다른 이야기도 있어요. 이순신 장군이 왜적에게 우리 군사가 많은 것처럼 보이기 위해서 부녀자들을 동원해 남자 복장을 하게 했다고 해요. 그러고는 다 같이 손을 마주 잡고 둥그렇게 원을 만들며 춤추도록 했더니, 왜적들이 멀리서 보고 겁먹어 도망갔다는 거예요.

'강강술래'는 본래 한자로 '강강수월래(强强水越來)'라고 쓰고, '강한 오랑캐가 물을 건너서 온다.'는 뜻으로 풀이해요. 그러나 다른 한편에서는 '강강'은 악기를 두드리는 소리를 빗댄 것이고, '수월래'란 '술래'를 길게 늘인 것으로 해석하기도 한답니다.

땡전

조선 시대 '당백전'에서 비롯했으며,
아주 적은 돈을 뜻하는 말.

조선의 제26대 왕 고종이 어린 나이로 처음 왕위에 올랐을 때의 일이에요. 당시는 외척들의 세도 정치로 인해 사회가 어지럽고 백성들은 도탄에 빠져 있었어요. 세도 정치란 왕실의 친척이나 신하들이 권력을 잡고 마구 횡포를 부리는 것을 말해요.

고종의 아버지인 흥선 대원군은 나이 어린 임금을 대신해서 나라를 바로 세우기 위해 노력했어요. 아울러 왕권을 튼튼히 하고 땅에 떨어진 왕의 권위를 일으켜 세우는 데 힘을 기울였어요. 그래서 조선의 중심 궁궐이었던 경복궁을 새롭게 꾸미고 넓히기로 마음먹었어요.

하지만 왕실에는 경복궁을 새로 지을 만한 돈이 없었어요. 그만큼 나라 살림이 어려웠던 것이지요. 흥선 대원군은 생각 끝에 백성들이 스스로 원해서 돈을 낸다는 뜻의 '원납전'을 거두었어요. 그러나 말이 원납전이지 강제로 거둔 거나 마찬가지였지요.

어느 날, 공사를 맡은 사람이 흥선 대원군을 찾아왔어요.

"이거 큰일입니다. 원납전만으론 그 많은 공사비를 감당할 수 없습니다. 다른 방법을 생각해 봐야 할 것 같습니다."

"음…… 무슨 좋은 방법이라도?"

"세금을 더 거두는 것이 어떻겠습니까?"

흥선 대원군은 고민에 휩싸였어요.

'이거 진퇴양난이군. 세금을 더 거두자니 백성들이 힘들어할 테고, 한창 짓고 있는 경복궁 공사를 중간에서 멈출 수도 없고…….'

오랜 고민 끝에 대원군은 마침내 결단을 내렸어요.

"어쩔 수 없소. 세금을 더 거둬야겠소. 토지 1결에 100문의 세금을 내도록 하는 결두전을 거둬야겠소."

이렇게 되자 힘없는 백성들만 죽을 지경이었어요. 이미 썩을 대로 썩어 자기 잇속 챙기기에만 바쁜 관리들에게 이리저리 뜯기고, 경복궁을 다시 짓는다고 공사장에 끌려 나가고, 게다가 무거운 세금까지 내야 하니 살 수가 없었지요.

"아이고, 대원군이 처음에는 나라를 바로잡는 것 같더니 경복궁인가 뭔가 짓는다고 백성들만 애먹이는군."

백성들의 원성이 높아지자 대원군은 새로운 방법을 썼어요.

'문제는 돈이 부족한 것이니 나라에서 돈을 찍어 내면 어떨까?'

마침내 나라에서 '당백전'이란 돈이 나왔어요. 당백전은 말 그대로 당백전 한 개가 엽전 백 개와 맞먹는다는 뜻이에요.

나라에서는 당백전 150만 냥을 각 도에 풀었어요. 그러다 보니 돈이 남아돌게 되었지요. 자연히 돈의 가치가 크게 떨어지고 물가는 오를 수밖에 없었어요.

이전에는 엽전 백 개면 그 어떤 좋은 물건도 살 수 있을 만큼 큰돈이었지만, 당백전이 나온 이후로는 그렇지 않았어요. 그래서 **사람들은 당백전을 된소리로 '땅돈'이라 불렀어요. 그것이 나중에 '땡전'이 되면서 '몇 푼 안 되는 적은 돈'을 속되게 가리키는 말이 되었답니다.**

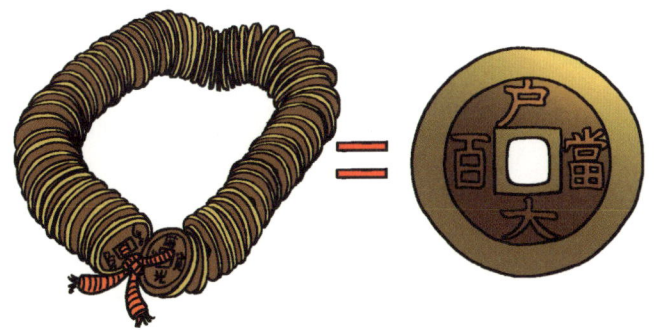

십년감수

수명이 십 년이나 줄 정도로
매우 놀라거나 큰 위험을 넘겼다는 뜻.

조선의 왕 고종이 대한 제국을 세우고 황제로 있을 때의 이야기예요. 왕실에 소리 나는 기계인 유성기가 처음 들어왔어요. 유성기는 오디오의 할아버지뻘 되는 기계로, 원통형으로 생긴 녹음기예요. 이 기계를 처음 본 고종 황제는 매우 신기하게 여겼어요.

"이 기계에서 정말로 소리가 난단 말이지?"

"예, 그렇사옵니다. 폐하!"

"허, 거참…… 괴이한지고. 여봐라, 누가 가서 속히 박춘재를 데려오너라!"

박춘재는 당시 소문난 명창이었어요. 고종 황제는 그를 불러서 이

기계가 정말 사람 소리를 내는지 한번 시험해 보고 싶었던 것이지요.

"폐하, 부르셨습니까?"

"오, 어서 오시오. 이게 바로 이번에 서양에서 가져온 소리 나는 기계요. 어서 이 나팔통에 대고 노래를 불러 보시오."

"네에? 기계에 대고 노래를 부르라고요?"

유성기 앞에서 박춘재가 머뭇거리며 소리를 내지 않자, 고종 황제는 다시 한 번 재촉했어요.

"어렵게 생각하지 말고 평소 하던 대로 한 곡조 해 보시오."

박춘재는 도통 입이 안 떨어졌지만 감히 황제의 명을 거역할 수 없었어요. 마침내 박춘재는 목소리를 가다듬고 판소리 한 대목을 뽑았어요.

"쑥대머리 귀신형용 적막옥방 찬 자리에……."

처음에는 어색했지만 가락이 깊어 갈수록 절로 흥이 나 단숨에 한 곡조를 마쳤어요.

"자, 그럼 춘재의 노래가 끝났으니 어서 기계를 돌려 보시오!"

고종 황제는 기계 만지는 기술자를 재촉했어요. 기술자가 기계를 만지작거리자 드디어 소리가 나기 시작했어요. 모두 유성기 소리에 귀를 기울였지요. 신기하게도 유성기에서는 방금 불렀던 노랫소리가 똑같이 흘러나왔어요.

"허허, 기이한 일이로고!"

고종 황제는 눈이 휘둥그레졌어요. 고종 황제뿐 아니라 그 자리에 모여 있던 사람 모두 깜짝 놀랐어요. 그중에서도 박춘재는 자기와 똑같은 목소리가 유성기에서 흘러나오자 뒤로 까무러칠 뻔했어요.

"아…… 아니, 이…… 이럴 수가! 내 목소리가 저…… 저 기계에서 나오다니!"

그때 박춘재의 놀란 모습을 옆에서 보고 있던 고종 황제가 입을

열었어요.

"춘재야, 네 수명이 십 년은 줄었겠구나."

고종 황제는 박춘재의 혼이 녹음기에 빼앗겼다고 생각해서 십 년쯤 수명이 줄었겠다고 걱정한 것이지요. 이때부터 '십년감수'란 말이 생겼어요. 이처럼 '십년감수'는 '십 년이나 수명이 줄었다.'는 뜻으로, 매우 놀랐을 때 쓰는 말이랍니다.

을씨년스럽다

날씨나 분위기가
몹시 스산하고 쓸쓸한 데가 있다는 뜻.

1905년 을사년은 우리나라 역사에서 매우 불행한 일이 일어난 해예요. 그해 우리나라는 일본과 '을사조약'을 맺었어요. 일본이 우리나라의 외교권을 빼앗기 위해 강제로 맺은 조약이지요.

이 소식이 전해지자 금세 나라 전체가 슬픔에 빠졌어요. 일본에게 외교권을 빼앗겼으니 나라의 주인 행세를 할 수 없게 되었기 때문이지요.

사람들은 모두 하나같이 시름에 잠겼어요.

"세상에 이런 법이 어디 있나? 벌건 대낮에 나라를 도둑질해 가다니……. 피를 토하고 죽을 일이네."

"누가 아니라나? 어엿한 우리 임금님과 조정 대신들이 있는데, 왜 놈들이 우리나라 외교와 나랏일에 간섭을 하다니……. 세상에 이런 억울한 일이 어디 있나!"

동네 어귀에 모인 사람들은 어깨를 축 늘어뜨린 채 한숨을 내쉬었어요. 그때 한 백발노인이 곰방대를 입에 물고는 기운이 빠진 목소리로 말했어요.

"우리 대신들도 믿을 수가 있어야지. 대신들 중에 나라를 팔아먹은 사람도 있다지 않소!"

노인의 말에 모두 눈이 휘둥그레졌어요.

"아니, 세상에! 나라를 팔아먹다니요? 도대체 어떤 몹쓸 놈들이 그랬답니까?"

그러자 노인은 사람들을 한번 힐끗 쳐다보고 나서 퉁명스럽게 대꾸했어요.

"아니, 자네들은 소문도 못 들었나? 외부대신 박제순, 내부대신 이지용, 군부대신 이근택, 학부대신 이완용, 농상공부대신 권중현이라더군. 이 다섯 사람을 나라 팔아먹은 도적놈이라고 해서 '을사오적'이라 부른다는구먼그려."

"이런 죽일 놈들이 있나!"

모두가 이를 앙다물고 주먹을 쥐며 부르르 떨었어요. 노인은 계속 말을 이었지요.

"그래도 조정에 매국노만 있는 건 아닐세. 민영환 같은 분은 원통해서 스스로 목숨을 끊었다는군. 그리고 지방 곳곳에서 의병이 일어났다는 소문이 있던데……."

"에잇, 나도 이참에 의병에나 가담할까?"

"쉿, 이 사람아, 말조심하게! 누가 듣겠네."

을사조약이 있던 을사년에는 온 민족이 슬픔에 잠겨 나라 전체가 술렁거렸어요.

한편에선 매국노들이 일본에 빌붙어 나라를 팔아먹고, 다른 한편에선 이에 저항하여 목숨을 끊었으며, 더러는 의병을 일으켰어요.

그러니 나라가 온통 어수선할 수밖에 없었던 것이지요.
그래서 훗날 사람들은 마음이 쓸쓸하고 어수선할 때를 일컬어 '을사년스럽다.'라고 했어요. 그러다가 이 말이 차츰 변해서 '을씨년스럽다.'로 굳어진 것이랍니다.

노다지

한군데서 엄청난 이익이 쏟아져 나오는 일이나 물건을 이르는 말.

    조선 후기에 우리나라는 힘이 매우 약했어요. 그래서 외세에 경제적 이권을 많이 빼앗겼지요. 그 가운데 하나가 금광 채굴권이에요. 우리나라의 광산을 외국 사람에게 헐값에 빼앗긴 거지요.

    우리나라의 유명한 금광 산지인 평안도 운산 지역은 당시 미국인들이 막대한 이득을 올렸던 곳이에요.

    "빨리빨리 금맥을 찾아라!"

    미국인 사장 밑에서 앞잡이 노릇을 하는 조건달이 일꾼들을 마구 부려 먹고 있었어요.

    "뭘 꾸물대고 있는 거야. 빨리 하라니까!"

조건달은 일꾼들에게 눈을 부라렸어요.

"쳇, 같은 조선 사람이면서 더 지독하게 구는군."

일꾼들은 투덜거리며 속으로 설움을 삼켰어요.

그러던 어느 날, 광산 동굴 속에서 일꾼들의 환호성이 들려왔어요. 땅속을 파고들어 가던 일꾼들이 드디어 금맥을 찾아낸 거지요.

"와아, 찾았다. 금이다, 금!"

일꾼들은 어렵게 찾아낸 금맥을 보며 기뻐했어요. 이 소식을 듣고 미국인 사장이 헐레벌떡 동굴 안으로 달려왔어요. 그는 일꾼들이 금맥 주위에 둘러서서 웅성거리는 것을 보자 이렇게 외쳤지요.

"노 터치, 노 터치!"

'노 터치(no touch)'란 영어로 손대지 말라는 뜻이에요. 하지만 일꾼들은 무슨 말인지 몰라 서로 눈만 멀뚱멀뚱 바라봤어요.

며칠 뒤 일꾼 몇 명이 사무실에 들렀어요. 광산에 터뜨릴 폭약을 가지러 간 거지요.

폭약 상자 앞에는 나무 궤짝이 수북이 쌓여 있었어요. 일꾼들이 궤짝을 옮기려고 손을 대자 사장은 깜짝 놀라 다시 소리쳤어요.

"노 터치, 노 터치!"

일꾼들은 상자에서 황급히 손을 뗐어요.

'노 터치라니? 이게 노 터치라는 건가? 이게 도대체 뭐기에 손도 못 대게 하는 걸까?'

일꾼 중의 한 사람이 호기심을 못 참고 살짝 뚜껑을 열어 보았어요. 그랬더니 궤짝 속에는 광산에서 캐낸 금덩이가 가득 담겨 있었어요.

그제야 일꾼들은 말했어요.

"미국 코쟁이들은 금을 노 터치라고 하나 봐."

당시 일꾼들이 광산에서 캐낸 광물을 만지려고 하면 미국 사람들은 놀라며 '노 터치'라고 외쳤다고 해요. 영어를 잘 몰랐던 우리나라 사람들은 '노 터치'가 금이나 은 따위의 값비싼 광물을 뜻하는 말이라고 생각했지요.

이 말이 나중에 '노다지'로 변해 '한군데서 이익이 쏟아져 나오는 일이나 물건'을 가리키게 되었다고 해요.

자린고비

돈이 있어도 쓰지 않고 지내는 인색한 사람, 구두쇠를 일컫는 말.

옛날 충청도 충주에 이씨 성을 가진 부자가 살았어요. 이 부자는 날마다 달랑 소금 한 가지를 반찬 삼아 밥을 먹었어요.

어느 날, 아들이 소금 반찬에 질려 밥투정을 했어요.

"우리 집은 부자면서 맨날 반찬이 이게 뭐야!"

"허허, 이 녀석이 밥맛이 없나 보군. 여보, 오늘 장에 가거든 굴비 한 마리를 사다가 맛있게 구워 보시오."

아내는 눈이 동그래졌어요. 평소 같으면 불호령이 떨어졌을 텐데 남편이 순순히 굴비를 사 오라고 하자 깜짝 놀란 거지요.

아내는 남편의 말대로 굴비를 사다 노릇노릇 구워 밥상에 올렸어요. 그러자 남편은 느닷없이 굴비를 실로 묶어 천장에 꽁꽁 매달아 놓고 말했어요.

"자, 밥 한 술갈 먹고 굴비 한 번씩만 쳐다보거라."

아들이 연거푸 굴비를 두 번 쳐다보자 이 부자는 아들의 뒤통수를 쳤어요.

"이 녀석아, 한 번씩만 쳐다보라니까! 자꾸 쳐다보면 너무 짜서 물을 들이켜야 되잖아!"

아들은 속으로 투덜거리며 꾹 참고 밥을 먹었어요. 그런데 잠시 뒤 이 부자의 얼굴이 험상궂게 일그러졌어요. 굴비에 파리 한 마리가 붙었던 거지요.

"이런 고얀 놈!"

파리가 날아가자 이 부자는 파리채를 들고 쫓아갔어요.

"게 섰거라! 이놈, 게 섰거라!"

이 부자는 이웃 마을까지 끈질기게 쫓아가 마침내 파리를 잡았어요. 그러고는 그 파리에 묻은 생선 비늘을 씻어 국을 끓여 먹었다고 해요.

얼마 뒤, 이 부자 집안의 제삿날이 다가왔어요. 이 부자의 아내는 제사 음식을 마련하라는 소리가 없어서 은근히 걱정이 되었어요. 참

다못한 아내가 조심스레 말을 꺼냈어요.

"여보, 제사 음식은 어떻게 하지요?"

"내가 이미 다 준비해 놓았으니 걱정하지 마시오."

그날 밤 제사상을 차리려던 아내는 어이가 없어 입이 딱 벌어졌어요. 상 위에는 음식 대신 사과, 배, 곶감 등 음식 이름을 적은 종이가 놓여 있었어요.

마침내 제사가 끝나자 이 부자는 지방을 들고 한참 망설였어요. 지방이란 제사를 지낼 때 조상의 이름을 적은 종이인데, 제사가 끝나면 곧 태워 버리는 것이 예법이에요.

'작은 종이쪽일망정 태워 버리기에는 아깝군.'

이 부자는 결국 그 종이가 아까워서 기름에 절여 해마다 제사 때가 되면 다시 꺼내어 썼다고 해요.

자린고비란 바로 여기서 나온 말이에요. '고비'란 '돌아가신 아버지와 돌아가신 어머니'를 일컫지요. 이 부자가 부모님의 이름을 적은 지방을 기름에 절여서 썼기 때문에 '절이다'라는 말이 '자린'이 되어 '자린고비'란 말이 생겨났답니다.

안성맞춤

원하는 대로 잘 만든 물건이나,
아귀가 딱 맞게 잘된 일을 비유적으로 이르는 말.

고려 공민왕 때, 성은 안씨고 이름이 소목인 선비가 살았어요. 한문으로 작을 소(小) 자에 눈 목(目) 자를 써서, 눈이 작다는 뜻이었어요. 태어날 때부터 한쪽 눈이 작아 이름을 그렇게 지은 거지요.

어느 날, 이 선비가 길을 가던 중 사람들이 담벼락에 모여서 웅성거리는 모습을 보았어요.

'무슨 일일까?'

담벼락 쪽으로 가까이 다가가 보니 나라에서 과거 시험을 치른다는 방이 붙어 있었어요.

'내 실력을 시험할 좋은 기회구나.'

평소 학문을 열심히 갈고닦은 선비는 당당히 과거 시험에 합격해서 벼슬길에 오르게 되었지요.

얼마 뒤 임금님이 과거 시험에 합격한 사람을 불렀어요.

"오, 장하오! 그대가 이번 과거 시험에 급제를 했다고?"

"예, 그렇사옵니다."

"그래, 그대의 이름이 무엇인고?"

"예, 안소목이라 하옵니다."

"소목이라……. 눈이 작다는 뜻인데, 이름으로 쓰기에는 영 좋지 않은걸. 내가 그대를 위해 이름을 지어 주겠노라."

"황공하옵니다."

"음……. 어떤 이름이 좋을까?"

곰곰이 생각에 잠겨 있던 공민왕은 어느 순간 무릎을 탁 쳤어요.

"옳거니, 좋은 생각이 있다. 소목이란 두 글자를 한 글자로 합치면 어떻겠는가? 그러니까 소(小) 자와 목(目) 자를 합쳐서 살필 성(省) 자로 하면, 원래 이름도 버리지 않으면서 뜻이 훨씬 좋아지지 않겠는가?"

선비는 평소 자기 이름을 별로 탐탁지 않게 여겼던 터라 임금님께서 이름을 지어 주어 기뻐했어요.

그래서 선비의 이름은 안성이 되었는데, **임금님이 '안성'이라고 이름을 맞춰 줬다는 데서 '안성맞춤'이란 말이 나왔다고 해요.**

안성맞춤이란 말에 관한 또 다른 얘기도 있어요.

예로부터 안성 땅에서 만드는 놋그릇은 튼튼하고 질이 좋기로 유명했어요. 안성 놋그릇은 다 만들어진 것을 장에 내다 파는 '장내기'와 주문을 받고 만드는 '맞춤'이 있었는데, 돈이 많은 이들은 놋그릇

을 맞춰 썼다고 해요. 그래서 **안성에서 맞춘 놋그릇처럼 잘 만든 물건이나 잘된 일을 가리켜 '안성맞춤'이라 부른다는 얘기도 있지요.**

그 밖에 갖바치에게서 비롯한 말이라는 얘기도 있어요. 갖바치란 옛날에 가죽으로 신을 만들던 사람이지요. 안성에서는 갖바치들이 가죽신을 미리 만들어 두지 않고 집집마다 돌아다니면서 주문을 받아 만들었다고 해요. 그래서 **손님이 주문한 신을 찾았을 때 발에 꼭 맞아 '안성맞춤'이 되었다는 얘기도 있답니다.**

시치미를 떼다

자기가 하고도 하지 않은 체하거나
알고 있으면서도 모르는 척할 때 쓰는 말.

우리 조상들은 야생의 매를 길들여 사냥에 이용하곤 했어요. 어느 날, 마을 사람들이 매사냥을 나갔을 때였어요.

"앗, 꿩이다!"

순간 날쌘 매 한 마리가 공중으로 솟구치더니 꿩을 낚아 땅으로 내리꽂았어요. 꿩은 날카로운 매의 발톱 아래 꼼짝없이 잡히고 말았지요.

매의 주인이 사냥감을 주우려 하자 얌체 같은 사람 하나가 불쑥 나섰어요.

"이건 내 매야!"

"무슨 뚱딴지같은 소리야? 이건 내 매라고!"

둘 사이에는 한동안 실랑이가 벌어졌어요. 매 주인은 어처구니가 없었지만 별다른 도리가 없었어요. 매의 생김새가 비슷했기 때문에 얌체들이 남의 매를 탐내 자기 매라고 우겨도 뾰족한 수가 없었던 거예요.

그때 지나가던 노인이 둘 사이에 끼어들었어요.

"그러지 말고 매와 꿩 중에서 하나씩 고르게. 그리고 앞으론 시치미를 꼭 달게."

"시치미라고요?"

"그렇다네. 시치미란 주인이 누구인지 알 수 있도록 매의 발에 붙여 놓은 이름표지. 그러면 앞으론 그렇게 아옹다옹 다툴 일이 없을 것 아닌가?"

"그거 아주 좋은 생각인데요."

그날 노인 덕분에 매의 주인은 매를 찾을 수 있었어요. 얌체는 꿩을 갖는 것으로 만족했지요.

며칠이 지난 뒤 마을 사람들은 또다시 매사냥을 나왔어요. 물론 이번에는 쇠뿔로 얇게 만든 이름표를 매의 꽁지에 하나씩 붙들어 맸지요.

'시치미만 보면 누구의 매인지 쉽게 알 수 있겠지? 이젠 싸울 일이 없겠구나!'

매의 주인은 흡족한 표정을 지으며 자기 매를 쓰다듬었어요. 그런데 매사냥을 시작한 지 얼마 지나지 않았을 때였어요. 매 주인과 얌체 사이에 또 싸움이 벌어졌어요.

"이 매는 내 거야!"

"시치미를 뗀다고 모를 줄 알고? 이건 내 매라고!"

매 주인은 화가 나서 소리를 질렀어요. 이번에도 매를 탐낸 얌체가 매의 시치미를 떼 버리고 자기 매라고 마구 우겼던 것이지요.

노인도 이제는 어쩔 방법이 없다는 듯 쯧쯧쯧 혀를 차며 고개를 내저었어요.

우리는 알고도 모른 척 딱 잡아떼거나 억지로 우길 때 '시치미를 뗀다.'고 말해요. 우리 주변에도 얌체처럼 시치미를 떼는 뻔뻔스러운 사람을 간혹 볼 수 있어요. 이런 사람은 시치미를 뗌과 동시에 자기 마음속의 양심도 함께 떨어진다는 사실을 명심할 필요가 있겠지요?

보릿고개

'햇보리가 나올 때까지의 넘기 힘든 고개'라는 뜻으로, 식량 사정이 가장 어려운 때를 이른다.

"돌풍아! 너 밥을 먹는 거니, 안 먹는 거니?"

돌풍이는 입맛이 없는지 밥을 먹는 둥 마는 둥 숟가락 장난만 치고 있었어요.

엄마가 꾸중을 하자 돌풍이는 몇 술 뜨는 시늉만 하더니 이내 숟가락을 내려놓았어요.

"엄마, 저 그만 먹을래요. 피자 먹고 싶어요."

"이 녀석이 아침부터 밥투정이야. 보릿고개를 한번 겪어 봐야 그런 투정을 안 하지."

"보릿고개는 어디에 있는 고개인데요?"

"이 녀석이 점점 엉뚱한 소리만 하네. 어머님, 얘 좀 혼내 주세요."

난감한 표정을 짓던 엄마가 할머니에게 도움을 청했어요. 그런데 할머니의 대답은 엄마를 더욱 당황스럽게 만들었어요.

"돌풍아, 사실은 네 엄마도 보릿고개가 뭔지 잘 모른단다. 실제로 보릿고개를 겪어 보지 않았거든."

이 말은 사실이었어요. 돌풍이 엄마도 어른들의 얘기로만 들었을 뿐 몸소 겪지는 못했거든요.

돌풍이는 할머니가 재미난 옛날 얘기를 해 주시지 않을까 싶어서 바짝 다가앉았어요.

"옛날에는 먹을 게 부족해서 배를 많이 곯았단다. 봄이 한창일 무렵 가난한 사람들의 배고픔은 이루 말할 수가 없었지. 묵은 곡식은 겨우내 다 먹어서 떨어지고, 보리는 아직 여물지 않아 굶주린 사람들은 풀뿌리를 캐 먹고 나무껍질을 벗겨 먹으며 간신히 목숨만 이어 갔을 뿐이지. 보리가 익을 때까지 먹고사는 일이 어찌나 힘들던지 마치 험난한 고개를 넘는 것 같다고 해서 '보릿고개'라 불렀단다."

"할머니, 한 가지 궁금한 게 있어요."

"뭔데?"

"그러면 북한은 지금 보릿고개인가요? 굶주리는 사람이 많다고 하던데……."

"글쎄다. 그건 식량이 절대적으로 부족해서 그런 거니까 꼭 보릿고개라고 할 순 없지만, 보릿고개랑 비슷한 상황인 셈이지. 어찌 되었든 돌풍이 너도 북한 어린이를 생각해서 먹는 것을 소중하게 여겨야 한다. 알겠니?"

할머니가 돌풍이를 타이르는 모습을 옆에서 지켜보던 엄마가 한마디 거들었어요.

"이제 보릿고개가 뭔지 잘 알았지?"

"치이, 엄마도 잘 모르면서 괜히 나한테 그래."

"뭐라고? 이 녀석이 그래도 말대꾸를!"

"으악! 할머니……."

엄마가 꿀밤을 먹일 기세로 다가들자 돌풍이는 얼른 할머니의 등 뒤로 숨었어요.

찻잔 속의 태풍

어떤 일이 큰 파장을 불러일으키는 듯하다가 흐지부지 끝나는 것을 이른다.

드디어 회장 선거가 시작되었어요.

"자, 지금부터 다음 학기 우리 반을 이끌어 갈 회장을 뽑도록 하겠다. 여러분이 잘 알다시피 후보는 두 사람, 김대세와 오돌풍이다. 두 사람 중 누가 우리 반을 잘 이끌지 신중하게 생각해서 선택하길 바란다."

담임 선생님은 이렇게 말하며 투표용지를 돌렸어요. 아이들은 누구를 찍을지 망설이며 소곤소곤 이야기를 주고받았지요.

"누가 될 거 같냐? 아무래도 김대세가 되지 않겠어?"

"무슨 소리! 이번엔 오돌풍이 당선될 거야. 너도 운동회날 봤잖아.

지금 오돌풍 인기가 하늘을 찌르는데!"

사실 며칠 전만 해도 회장 선거는 아이들의 관심을 그리 끌지 못했어요. 선거가 매우 싱겁게 끝날 가능성이 높았거든요. 김대세는 평소 리더십이 있고 인기도 많아 반 아이들과 두루 친하게 지냈어요. 그래서 모두 김대세가 회장이 될 거라고 믿고 있었던 것이지요. 그런데 상황이 갑자기 바뀌었어요.

이틀 전 운동회날 아침, 선생님이 반 아이들에게 말했어요.

"오늘 우리 반이 우승하면 선생님이 치킨과 피자를 쏠 거다. 그러니 모두 열심히 해서 우승하자!"

이 말에 아이들은 정말 열심히 뛰었어요. 그중에서도 오돌풍의 활약은 단연 돋보였어요. 축구 경기에서 혼자 네 골을 몰아넣는 활약에 힘입어 승리를 거두었지요. 그뿐 아니라 이어달리기에서 마지막 주자로 뛴 오돌풍이 선두를 제치고 1위로 들어온 덕분에 큰 점수로 종합 우승을 차지할 수 있었던 것이지요. 반 아이들은 오돌풍을 헹가래 치며 우승의 기쁨을 누렸어요.

이때부터 오돌풍의 인기가 급상승하면서 회장 선거의 분위기도 확 바뀌었어요.

"자자, 이름을 적었으면 이제 그만 투표용지를 거둬 오도록!"

담임 선생님은 투표용지를 모두 거두어들였어요. 긴장된 순간, 선생님이 첫 번째 투표용지를 펼치며 이름을 불렀어요.

"오돌풍!"

두 번째 용지도 오돌풍! 세 번째 용지도 오돌풍!

연거푸 오돌풍이 세 표를 얻자 아이들이 웅성거렸어요.

"이야, 오돌풍이 이름처럼 정말 돌풍을 일으키는군. 크크."

오돌풍이 곧 당선될 것 같은 분위기였어요. 하지만 기대는 거기서 멈추고 말았어요. 선생님이 이후 투표용지를 펼치며 계속 '김대세'를 외쳤거든요.

결국 '20:10'으로 김대세가 회장으로 뽑혔어요. 오돌풍이 반짝 인기를 얻었지만 김대세를 누르지는 못했지요.

"에이, 오돌풍이 이길 줄 알았는데 '찻잔 속의 태풍'이었군!"

이처럼 **어떤 일이나 사건이 큰 파장을 불러일으키는 듯하다가 흐지부지 마무리되는 것을 비유해서 '찻잔 속의 태풍'**이라 한답니다.

망부석

아내가 멀리 떠난 남편을 기다리다 죽어서 화석이 되었다는 전설적인 돌.

신라 제19대 왕인 눌지왕 때의 이야기예요. 왕에게는 두 명의 동생이 있었어요. 그런데 한 명은 고구려로, 다른 한 명은 일본 땅에 볼모로 잡혀가 있었지요. 볼모란 나라들끼리 서로 침범하지 않겠다는 약속으로 왕자나 그 밖의 유력한 사람을 상대 나라에 맡겨 두는 거예요.

눌지왕은 타국에 있는 두 동생이 늘 마음에 걸려 눈물을 흘리곤 했어요. 그때 한 신하가 나서서 말했어요.

"신이 가서 동생분들을 모셔 오겠습니다."

이렇게 스스로 위험을 무릅쓰고 나선 사람은 박제상이었어요. 그는 충성심이 강하고 참으로 지혜로운 신하였어요. 왕은 너무나 기뻐 박제상의 손을 꼭 잡고 부탁했어요.

"그렇게만 해 준다면 공의 은혜를 평생 잊지 않겠소."

박제상은 고구려 왕을 만나 담판을 지었어요.

"고구려에 볼모로 잡혀 온 눌지왕의 동생을 돌려주시오!"

고구려 사람들은 펄쩍 뛰며 반대했어요. 하지만 뛰어난 말솜씨로 설득한 끝에 박제상은 왕의 동생을 고국으로 무사히 데려올 수 있었지요.

신라로 돌아온 박제상은 왕으로부터 큰 환대를 받았어요. 그러나 돌아온 지 얼마 지나지 않아 또다시 일본으로 떠나야 했어요. 일본에 볼모로 가 있는, 눌지왕의 또 다른 동생 미사흔을 데려와야 했거든요.

그런데 일본 왕은 설득하기가 쉽지 않았어요. 게다가 고구려에서 눌지왕의 동생을 데려갔다는 소문을 듣고 박제상을 무척 경계했어요. 혹시 미사흔을 데려가지 않을까 하고요.

그래서 박제상은 일본 왕에게 거짓말을 했어요. 신라에서 죄를 지어 도망을 쳤다고 말이에요. 일본 왕은 그 말을 그럴듯하게 여겼는지 박제상에 대한 경계심을 조금씩 누그러뜨렸어요.

그러던 어느 날, 박제상은 미사흔과 같이 배를 타고 낚시를 하러 가는 것처럼 꾸몄어요. 그러고는 미사흔을 신라로 도망치게 했어요. 그런 다음 자기는 다시 일본으로 돌아왔어요. 왜냐하면 미사흔이 무사히 도망칠 수 있도록 시간을 벌기 위해서였지요. 나중에 이 소식을 들은 일본 왕은 불같이 화를 냈어요.

"이놈, 네가 나를 배신하다니……. 지금이라도 내게 굴복하고 일본의 신하가 된다면 호강을 할 것이지만, 그러지 않으면 죽음만이 기다리고 있을 뿐이다!"

이에 박제상은 눈을 부릅뜨고 일본 왕에게 말했어요.

"신라의 개돼지가 될지언정 일본의 신하는 되지 않겠다!"

결국 박제상은 모진 고문 끝에 목숨을 잃고 말았어요.

한편, 박제상의 아내는 남편이 일본 땅으로 건너간 뒤 하루도 빠지지 않고 바닷가로 나가 남편을 기다렸어요. 매일매일 높은 바위에 올라 멀리 일본 땅을 바라보며 슬피 울었지요. 그러다 남편이 돌아오기만을 기다리던 아내는 안타깝게도 죽어서 그대로 그만 돌이 되고 말았어요. 사람들은 그 돌을 '망부석'이라고 불렀답니다.

내 코가 석 자

자신의 처지가 급해서
남을 도와줄 여력이 없음을 이르는 말.

신라 시대 때 방이 형제가 살았어요. 동생은 부자였지만 형 방이는 몹시 가난했지요.

어느 날, 방이는 농사를 지으려고 마음씨 좋은 동네 사람에게 땅을 빌렸어요. 그런데 너무 가난하다 보니 뿌릴 씨앗이 없었어요.

'옳지! 동생은 부자니까 가서 부탁해 보자.'

방이는 동생을 찾아가 씨앗을 빌려 달라고 부탁했어요.

"아우야, 나한테 밭이 생겼는데, 씨앗 남는 게 좀 있으면 나누어 주렴."

"아이고, 형님. 그러지요."

그런데 심술궂은 동생은 씨앗을 모두 삶아서 주었어요. 씨앗을 삶으면 싹을 틔울 수가 없는데 말이에요.

방이는 그것도 모르고 씨앗을 심고 정성껏 돌보았어요.

'이상하다. 왜 싹이 안 트지? 정성이 부족한 걸까?'

방이는 전보다 더 열심히 물을 주며 밭을 가꾸었어요. 방이의 정성에 하늘도 감동했을까요? 드디어 밭에서 싹이 하나 트기 시작했어요. 그 싹은 점점 자라더니 엄청나게 큰 이삭을 맺었어요.

그런데 어디서 새 한 마리가 날아와 그 이삭을 잘라 물고 달아나는 것이었어요.

"앗! 거기 서라, 거기 서!"

방이는 있는 힘껏 쫓아갔지만 결국 놓치고 말았어요.

'어휴, 왜 이렇게 나는 운이 없담.'

실망한 방이는 자리에 털썩 주저앉아 버렸어요. 어느덧 날이 저물어 방이는 바위 틈새에서 밤을 지내기로 했어요. 막 잠이 들 무렵 요란스러운 소리가 들렸어요. 어디서 나타났는지 붉은 옷을 입은 도깨비들이 춤을 추며 놀기 시작했어요.

"금 나와라, 뚝딱!"

도깨비들이 이상한 방망이를 휘두르자 놀랍게도 금이 나왔어요.

"술 나와라, 뚝딱!"

그러자 또 술이 나왔어요. 도깨비들은 방망이를 두들겨 술과 음식을 만들어 놓고 밤새도록 놀았어요. 새벽녘이 되자 도깨비들은 온데간데없고 그 자리에는 방망이만 남았어요.

방이는 그 방망이를 들고 집으로 돌아와 도깨비들이 한 것처럼 그대로 따라해 보았어요.

"금 나와라, 뚝딱!"

"옷 나와라, 뚝딱!"

"집 나와라, 뚝딱!"

그러자 금덩이가 와르르 쏟아지고, 비단옷이 나오고, 대궐 같은 집이 생겨났어요.

마침내 방이는 큰 부자가 되었지요. 이 소식을 들은 동생은 배가 아파 견딜 수가 없었어요.

동생은 그날 밤 당장 그 골짜기로 달려가 바위 틈에 몸을 숨겼어요. 밤이 깊어지자 도깨비들이 몰려나와 방망이를 두드리며 놀았어요. 그때 동생이 느닷없이 방귀를 뀌고 말았어요.

뽀~옹~!

"아니, 이게 무슨 소리야?"

도깨비들 중에서 험상궂게 생긴 놈이 눈을 부릅떴어요. 마침내 동생은 도깨비에게 들키고 말았어요.

"에잇, 이놈! 혼 좀 나 봐라. 코야 커져라, 뚝딱!"

동생은 코끼리처럼 커진 코를 가지고 돌아왔어요.

'내 코가 석 자'라는 말은 자기 처지가 급하게 되어 남을 도와줄 여력이 없다는 뜻으로 쓰지요. 이 말은 심술궂은 동생이 도깨비에게 들켜 코가 늘어진 이야기에서 나온 것이 아닌가 합니다.

악어의 눈물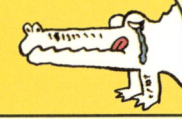

거짓 눈물 또는 위선적인 행위를 비유적으로 이르는 말.

돌풍이가 우산을 쓴 채 교문 앞에 서 있었어요. 마치 누군가를 기다리는 것 같았어요.

그때 수지가 나타났어요.

"어? 돌풍아, 너 왜 여기 서 있니?"

"응, 너랑 같이 들어가려고 기다렸지."

둘이 사이좋게 운동장을 걸어갈 때였어요.

"이크, 아니 이게 뭐야."

수지의 신발이 엉망이 되었어요. 한쪽 발이 진흙 구덩이에 빠졌거든요. 사람을 빠뜨리려고 누군가 일부러 파 놓은 진흙 구덩이였어요.

"도대체 누가 이런 짓을 했지? 수지야, 수돗물에 대강 씻고 너 먼저 교실로 들어가!"

돌풍이는 울상이 된 수지의 모습을 재미있다는 듯이 바라보며 말했어요. 수지가 교실로 향하자 돌풍이는 다시 교문 앞으로 갔어요.

그날 아침, 그 진흙 구덩이에 빠진 사람은 수지 외에도 다섯 명이나 더 되었어요. 알고 보니 이 모든 것은 돌풍이의 짓궂은 장난이었어요.

담임 선생님은 돌풍이를 불러 벌을 주었어요.

"넌 오늘부터 한 달간 화장실 청소다!"

"선생님, 잘못했습니다. 제발 화장실 청소만은……."

돌풍이는 선생님에게 싹싹 빌면서 우는 척까지 했어요.

"이 녀석, 화장실 청소 안 하려고 악어의 눈물을 흘리는군. 한 번만 용서해 줄 테니 다른 아이들에게 사과해라."

악어는 잔인하고 징그러운 인상을 지녔지요. 그래서 **서양에서는 마음에도 없이 흘리는 거짓 눈물을 '악어의 눈물'이라고 해요. 이 말은 이집트 나일강에 사는 악어가 물가에서 사람을 보면 물어 죽여 잡아먹고는 그를 위해 눈물을 흘린다는 고대 서양의 전설에서 생겨났어요.**

요즘은 뉴스에서 온갖 부정을 저지른 사회 고위층 인사가 국민들 앞에 거짓 눈물로 용서를 구하는 모습을 향해 '악어의 눈물'이라 꼬집기도 하지요.

악어와 관련된 재미있는 말 중에 '악어 논법'이란 것도 있어요. 이 말은 이집트의 전설에서 비롯했어요.

옛날 이집트의 한 여인이 아이를 악어에게 빼앗겼어요.

"제발 불쌍한 제 아이를 돌려주세요!"

여인이 악어에게 눈물을 흘리며 사정하자 악어가 대답했어요.

"내가 아이를 돌려줄 것인가, 안 돌려줄 것인가 어디 한번 맞혀 보아라. 맞히면 돌려주마!"

여인은 기가 막혔어요. 만약 돌려준다고 말하면 안 돌려준다고 대답할 것이고, 안 돌려준다고 말하면 돌려준다고 대답할 게 뻔했으니까요. 어떻게 대답하든 잡아먹기는 마찬가지였지요.

이렇듯 이래도 되고 저래도 되고, 마음대로 해석이 되는 말장난을 가리켜 '악어 논법'이라고 하지요.

노아의 방주

의로운 사람 노아가 하느님의 은총으로
대홍수 속에서도 방주를 이용해 살아남은 이야기.

하느님은 지상에 최초의 사람인 아담과 하와를 만들고 매우 기뻐했어요. 그러나 기쁨은 오래 가지 않았어요. 그 자손이 늘면서 사람들은 점차 성격이 사나워지고 죄를 많이 지었거든요.

하느님은 뒤늦게 후회했어요.

'아, 이럴 줄 알았으면 인간을 만들지 않는 건데…….'

그런데 아담의 자손 중 단 한 사람, 노아만은 믿음이 두텁고 의로운 사람이었어요.

어느 날, 하느님이 노아를 불렀어요.

"내가 장차 큰 홍수를 일으켜 악으로 가득 찬 세상과 사람을 모조리 멸망시킬 작정이다. 너는 산꼭대기에 올라가 잣나무로 방주(큰 나무배)를 한 척 만들어 이 재난을 피하거라."

노아는 하느님의 말씀대로 산꼭대기에 올라가 배를 만들기 시작했어요. 사람들은 이를 보고 모두 비웃었지요.

"노아가 갑자기 이상해졌어. 산꼭대기에서 배를 만들다니!"

사람들의 비웃음에도 아랑곳없이 노아는 세 아들을 데리고 열심히 일한 끝에 드디어 배를 다 만들었어요.

그러자 다시 하느님이 말씀하셨어요.

"노아야, 너는 아내와 아들과 며느리를 데리고 방주 안에 들어가 거라. 또한 이 땅에 살아 있는 모든 짐승을 각각 암수 한 쌍씩 배에 태워 목숨을 잇게 하거라."

노아는 하느님의 말씀에 따라 먹을 것을 충분히 마련해서 배에 싣고 홍수에 대비했어요. 하지만 일주일이 다 되도록 비는 오지 않았어요.

"노아가 이젠 아주 돌아 버렸나 봐. 이 멀쩡한 날씨에 배 안에 들어가 꼼짝도 않으니 말이야."

사람들은 노아를 미친 사람으로 생각했어요. 그런데 이레째 되는 날, 난데없이 검은 구름이 하늘을 뒤덮었어요.

번쩍, 우르르 꽝!

장대 같은 비가 쏟아지기 시작했어요. 밤낮을 가리지 않고 계속해서 내린 비로 세상은 온통 물바다가 되었어요. 마침내 산꼭대기에 있던 노아의 방주도 물 위에 둥둥 떴어요. 이 대홍수로 세상의 모든 것이 멸망하고 말았어요.

노아는 비둘기 한 마리를 배 밖으로 날려 보냈어요. 물이 얼마나 빠졌는지 알아보기 위해서였지요. 저녁때가 되어 돌아온 비둘기는 부리에 싱싱한 올리브 나뭇잎을 물고 있었어요.

"이것 봐, 나뭇잎이야! 이제 홍수는 끝났어!"

노아의 가족은 매우 기뻐서 서로 얼싸안고 눈물을 흘렸어요. 얼마 뒤 노아는 배의 뚜껑을 열고 나와 땅을 밟을 수 있었어요.

한편, 하느님은 악한 세상을 벌주기 위해 큰 홍수를 내렸지만 마음이 몹시 아팠어요.

"노아야, 새 땅에서 새로운 세상을 세우거라. 홍수를 일으켜 이 땅의 생명을 모두 쓸어버리는 일은 앞으로 다시는 없을 것이다. 내 구름 속에 무지개를 숨겨 둘지니, 이것이 내 약속의 표시니라."

이때부터 비가 내리다가도 무지개가 나타나면 하느님이 노아와의 약속을 생각하는 거라고 해요. '노아의 방주'는 구약 성서의 〈창세기〉에 나오는 이야기랍니다.

바벨탑

실현 가능성이 없는 계획이나 일을 비유적으로 이르는 말.

하느님은 큰 홍수로써 사악한 세상을 벌한 다음, 노아의 자손으로 하여금 새로운 세상을 열게 했어요. 그런데 노아의 자손들도 그 수가 늘자 차츰 하느님의 말씀을 멀리하기 시작했어요.

"하느님의 말씀은 너무 고리타분해. 우리 맘대로 살아도 아무 문제없는데 말이야."

인간에게는 여러 가지 재주가 있었어요. 특히 진흙을 구워 벽돌을 만들어 내는 재주가 뛰어났어요. 벽돌로 집도 짓고 성도 쌓았어요. 벽돌만 있으면 무엇이든 할 수 있었지요. 그러자 인간들은 차츰 오만한 마음을 갖게 되었어요.

"자, 우리의 도시를 세웁시다. 그리고 그 한복판에 거대한 탑을 쌓읍시다. 그 탑 꼭대기를 하늘까지 닿게 해서 우리의 이름을 후세에 빛내도록 합시다."

"좋소! 인간의 힘이 얼마나 위대한지 보여 줍시다."

그날부터 사람들은 탑을 쌓기 시작했어요. 몇 달이 지나자 탑은 엄청나게 높아졌어요.

"우아, 정말 굉장하다!"

"조금만 더 쌓으면 하늘까지 닿을 거야."

사람들은 하늘까지 닿는 탑을 세워서 인간도 하느님 못지않게 위대하다는 것을 뽐내고 싶었어요.

하늘에서 이 일을 내려다보고 있던 하느님은 마침내 화가 났어요. 인간의 오만함을 더 이상 두고 볼 수가 없었어요. 그래서 인간이 자신들의 잘못을 깨달을 수 있도록 벌을 내리기로 했어요. 하지만 이전의 홍수 같은 큰 재앙은 내릴 수가 없었어요. 오랜 고민 끝에 하느님은 한 가지 방법을 생각해 냈어요.

"내 너희를 크게 벌하지는 않겠지만, 너희가 하는 말을 뒤섞어 서

로 알아듣지 못하게 하리라."

그때까지는 모든 사람이 같은 말을 사용하고 있었어요. 그런데 어느 날 아침 갑자기 말이 달라졌어요. 이어서 엄청난 혼란이 일어났지요.

"저기 가서 벽돌 좀 가져와!"

하지만 일꾼은 엉뚱하게도 각목을 가져왔어요. 또한 각목을 가져오라고 하면 벽돌을 가져오고, 망치를 가져오라고 하면 톱을 가져왔어요.

"알라돌라니 닐달디로라……."

"Dopdkaey dkfjsk doxevj……."

"아니, 도대체 무슨 말들을 하는 거야?"

사람들은 서로 무슨 말을 하는지 알아들을 수가 없었어요. 말이 통하지 않자 마음도 갈라졌어요.

"에이, 도저히 같이 일을 못 하겠군!"

마침내 사람들은 탑 쌓는 일을 그만두고 모두 뿔뿔이 흩어지고 말았어요.

'바벨'이란 말은 히브리어로 '혼란'이란 뜻을 가지고 있어요. 오늘날 실현 불가능한 계획이나 일 따위를 '바벨탑'이라 부르고, 그러한 일을 실행에 옮기는 것을 '바벨탑을 쌓다.'라고 말해요.

미다스의 손

손대는 일마다 큰 성공을 거두어
엄청난 이익을 내는 능력자를 일컫는 말.

미다스는 그리스 신화 속 프리기아라는 나라의 왕이었어요. 그의 궁전 근처에는 잘 가꾸어 놓은 장미 동산이 있었지요.

어느 날, 미다스왕의 시종들이 장미를 손질하기 위해 그 동산에 들어갔을 때였어요. 한 시종이 놀라 소리쳤어요.

"앗! 이게 뭐야? 모두 이리 좀 와 봐!"

여러 시종이 우르르 몰려갔어요. 그곳에는 한 뚱뚱한 늙은이가 술에 취해 잠들어 있었어요.

"이것 보세요. 좀 일어나 보세요."

"음냐…… 누구야…… 저리 가……. 음냐…… 드르렁드르렁……."

시종이 흔들어 깨웠지만 늙은이는 아랑곳하지 않고 잠꼬대 같은 신음 소리를 내며 코를 골았어요.

시종들은 그가 깨어나기를 기다려 미다스왕에게 데려갔어요. 그러자 왕은 그를 알아보며 반갑게 맞았어요.

"아니, 당신은 술의 신 디오니소스가 스승으로 모시는 실레노스가 아니오? 어쩌다 여기까지 오셨소?"

실레노스는 겸연쩍은 듯 뒷머리를 긁적이며 말했어요.

"허허, 이거 늙은이가 주책을 부렸습니다. 사람들과 술을 마시고 그만 정신없이 헤매다가 길을 잃어버린 모양입니다."

"음, 그런 사정이 있었구려. 어쨌든 이렇게 온 것도 인연일 터이니 며칠간 푹 쉬었다 가시오."

왕은 그를 극진하게 대접한 뒤 디오니소스에게 돌려보냈어요. 스승에게서 사정을 전해 들은 디오니소스는 크게 기뻐하면서 미다스왕을 불러 말했어요.

"네 소원이 있으면 말하라. 내가 무엇이든 들어주겠노라."

"제가 손으로 만지는 것은 무엇이든 황금으로 변하게 해 주십시오."

처음에 미다스왕은 기뻐서 어쩔 줄 몰랐어요. 나뭇가지를 시험 삼아 부러뜨리자 곧 황금으로 변했지요.

'아니, 이럴 수가! 이제 난 부자다!'

그러나 기쁨도 잠시, 미다스왕의 욕심은 무서운 재앙을 몰고 왔어요. 식사를 하려고 수저를 들자 역시 황금으로 변했고, 음식을 떠서 입술에 대자 그것도 곧 황금으로 변했지요. 마실 물도, 나무와 풀도, 심지어 사랑하는 딸까지도 황금 덩어리로 굳어 버리고 말았어요.

그제야 왕은 자신의 경솔함을 후회했어요.

'아, 내가 괜한 욕심을 부렸구나. 처음으로 되돌릴 수만 있다면 얼마나 좋을까.'

  왕은 다시 디오니소스를 찾아가 사정했어요. 디오니소스는 팍톨로스강에 가서 손을 씻으면 원래대로 돌아갈 수 있다고 일러 주었지요.

  '미다스의 손'은 여기서 생겨난 말이에요. 오늘날 미다스는 '탐욕, 과욕'을 뜻하고, 미다스의 손은 '돈 버는 재주'라는 뜻으로 쓰이지요. 요즘 야구에서 인기 있는 투수를 일컬어 '황금 팔'이라고 하는데, 이를 미다스의 손에 비유할 수도 있겠지요.

아킬레스건

발꿈치 힘줄로, 사람이나 어떤 대상이 가진 치명적 약점을 비유적으로 이르는 말.

아킬레스건은 그리스 신화의 영웅 아킬레스에서 유래해요.

아킬레스는 보통 사람과 달랐어요. 아킬레스의 아버지 펠레우스는 인간이었지만, 어머니 테티스는 여신이었어요.

아킬레스는 태어날 때부터 골격이 우람했어요.

'이 아이를 훌륭한 장수로 키워야지.'

어머니 테티스는 아킬레스를 안고 저승과의 경계를 흐르는 스틱스 강가로 나갔어요. 그 강물에 몸을 담그면 창칼이나 화살을 맞아도 몸에 상처를 입지 않았거든요. 테티스는 아킬레스의 발목을 두 손으로 잡아 거꾸로 들고 몸을 씻겼어요.

'자, 이제 누구도 너를 죽일 수 없을 거다. 어떤 무기로 공격해도 네 몸은 끄떡없을 거야.'

마침내 아킬레스는 불사신이 되었어요. 그러나 발뒤꿈치를 손으로 잡고 물속에 담갔기 때문에 그 부분만 물이 닿지 않았지요. 따라서 그 부분이 아킬레스의 유일한 약점이 되었어요.

청년이 된 아킬레스는 기골이 장대하고 힘이 장사라 아무도 당해 낼 자가 없었어요.

그러던 중 이웃 나라인 트로이와 전쟁이 일어났어요. 아킬레스는 전쟁에 참가한 그리스 연합군 중에서 가장 뛰어난 장수로 용맹을 떨쳤어요. 아킬레스가 가는 곳이면 적군들은 맥없이 쓰러졌어요. 트로이 군사들은 잔뜩 겁을 먹었지요.

"아킬레스는 불사신이래. 그래서 죽지도 않는대."

"어쩐지……. 그래서 화살을 소나기처럼 퍼부어도 끄떡없었던 거로구나."

트로이 군사들은 아킬레스만 보면 도망치기 바빴어요.

결국 트로이는 나라가 망할 위기에 빠졌지요.

"큰일이오. 불사신 아킬레스를 막을 방법이 없겠소?"

트로이 왕자 파리스는 여러 장수와 머리를 맞댔어요.

"아킬레스가 불사신이긴 하지만, 그에게도 꼭 한 가지 약점이 있다고 합니다."

"아니, 그게 무엇이오?"

"발뒤꿈치입니다. 거긴 저승의 강물이 묻지 않아 보통 사람과 똑같다고 합니다."

아킬레스의 약점을 알게 된 트로이의 왕자 파리스는 독 묻은 화살로 그의 발뒤꿈치를 쏘았어요. 화살을 맞은 아킬레스는 결국 죽고

말았답니다.

여기서 비롯한 말이 '아킬레스건'이에요. 아킬레스건은 발뒤꿈치 바로 위에서 장딴지로 이어지는 힘줄로, 걷는 데 가장 중요한 부분이에요. 따라서 이 말은 사람이나 어떤 대상이 가진 치명적 약점을 말할 때 곧잘 쓰이곤 해요.

예를 들어 인종 갈등이 심한 나라는 인종 문제가 아킬레스건이고, 수학을 못하는 학생에게는 수학이 아킬레스건이라고 할 수 있겠지요.

오이디푸스 콤플렉스

프로이트 심리학 용어로, 아들이 아버지에게는 적대적이지만 어머니에게는 호의적인 감정.

옛날 그리스의 테베라는 나라에 왕자가 태어났어요. 라이오스왕과 이오카스테 왕비는 기뻐서 어쩔 줄 몰랐어요. 그때 신의 계시가 내려왔어요.

"이 아이는 앞으로 큰 재앙을 몰고 올 것이다. 아버지를 죽이고, 어머니를 아내로 맞이할 저주받은 운명을 타고났느니라."

왕은 결국 아이의 발을 묶어 산속에 내다 버리게 했어요. 미리 재앙을 막기 위해서였지요.

하지만 아이는 어느 떠돌이 목동에게 발견되어 목숨을 건졌어요. 그 뒤 여러 손을 거쳐 마침내 이웃 나라 폴리보스왕의 아들이 되었어요. 이 아이가 바로 오이디푸스였지요.

여러 해가 흘렀어요. 어느 날, 오이디푸스는 자기가 폴리보스왕의 친아들이 아니라는 얘기를 들었어요.

'아, 내가 친아들이 아니라니······. 그 말이 사실일까? 아폴론 신에게 진실을 물어봐야지.'

오이디푸스는 그길로 델포이 신전으로 가 진실이 무엇인지 물었어요. 그러나 아폴론 신은 거기에 대해서는 아무 말도 해 주지 않았어요. 대신 충격적인 말을 했어요.

"너는 아버지를 죽이고 어머니와 결혼할 저주받은 운명이다."

그 말을 듣고 오이디푸스는 폴리보스왕에게 돌아가지 않았어요. 혹시 그 예언이 실현될까 두려웠기 때문이지요.

이후 오이디푸스는 외로운 방랑길에 올랐어요. 그러다가 세 길이 만나는 곳에서 네 명의 하인을 거느린 사람과 우연히 마주쳤어요. 그들과 사소한 말다툼 끝에 화가 치민 오이디푸스는 그들을 죽여 버렸어요.

어느덧 테베 근처에 이르렀어요. 그곳엔 라이오스왕이 죽은 뒤 스핑크스라는 무시무시한 괴물이 나타나 사람들을 괴롭혔지요.

스핑크스는 높은 바위에 앉아 지나가는 사람에게 수수께끼를 내고 풀지 못하면 바로 잡아먹었어요.

"아침에는 네 발, 낮에는 두 발, 저녁에는 세 발로 걷는 것은 무엇이냐? 이 수수께끼를 못 풀면 너도 내 밥이 될 것이다."

오이디푸스는 침착하게 대답했어요.

"그건 사람이다. 어린 시절에 사람은 손발로 기어 다니고, 크면 두 발로 걷고, 늙어서는 지팡이로 몸을 받치니 세 발이다."

오이디푸스가 답을 맞히자 스핑크스는 분을 이기지 못해 골짜기 아래로 몸을 던져 자살하고 말았어요. 테베 사람들은 오이디푸스의 뛰어난 용기와 지혜에 감탄하여 그를 왕으로 삼았어요. 그리고 오이디푸스는 죽은 왕의 아내인 이오카스테와 결혼했어요.

그러던 중 테베에는 무서운 전염병이 돌았어요. 오이디푸스왕이 아폴론 신에게 도움을 청하자, 아폴론 신이 말했어요.

"라이오스왕을 죽인 자를 처벌하면 재앙이 멈출 것이니라!"

오이디푸스왕은 신의 계시에 따라 그 범인을 찾았어요. 그러다가 엄청난 충격을 받게 되었어요. 자신이 오래전 길에서 죽인 사람이 라이오스왕이었고, 그가 자신의 아버지였다는 사실을 알게 된 것이지요. 모든 사실을 알게 된 왕비 이오카스테는 스스로 목숨을 끊었고, 뒤이어 오이디푸스왕 또한 자기 눈알을 빼 장님이 되었답니다.

'오이디푸스 콤플렉스'는 정신 분석학자 프로이트가 이 이야기에서 따온 용어로, 아들이 엄마를 더 좋아하는 본성을 가리켜요.

미궁

한번 들어가면 나올 길을 찾기가 쉽지 않은 곳,
또는 사건이 쉽게 해결되지 못한 상태.

'미궁'이란 말은 영어로 '라비린스(labyrinth)'라고 하는데, 그리스어 '라비린토스(labyrinthos)'에서 나온 말이에요. 라비린토스는 일단 그 속에 들어가면 길을 잃어 도저히 나올 수 없는 복잡한 건물이에요.

예로부터 보물을 숨기거나 무덤의 유물을 보호하기 위해 이런 라비린토스를 많이 만들었어요. 그중 가장 유명한 것이 그리스 신화에 나오는 지중해 크레타섬의 '미궁'이에요.

크레타의 왕비는 신의 저주를 받아 해괴한 괴물을 낳았어요. 그 괴물은 사람의 몸뚱이에 황소 머리 모양을 한 미노타우로스였어요.

괴물이 태어났지만 왕은 차마 죽일 수가 없었지요. 그래서 당시 위대한 건축가인 다이달로스로 하여금 도저히 달아날 수 없는 감금처를 짓게 해서 괴물을 미궁 속에 가두어 버렸어요.

그리고 크레타의 왕은 종속국과 같았던 아테네에 해마다 7명의 소년과 7명의 소녀를 공물로 바치라고 했어요. 미궁 속에 살고 있는 괴물의 먹잇감이 필요했기 때문이지요.

아테네의 왕자 테세우스는 매우 용감한 사람이었어요.

'해마다 죄 없는 소년과 소녀들이 괴물에게 희생돼야 하다니……. 그냥 두고 볼 수가 없군. 그 괴물을 내 손으로 없애 버려야겠어!'

테세우스는 마침내 마음을 단단히 먹고 공물로 바쳐질 7명의 소년 중에 끼어 크레타섬에 가겠다고 나섰어요.

모두 그의 용기에 감탄했어요. 그런데 괴물을 무찌르는 것보다 더 큰 문제가 있었어요.

'음, 고민이군. 괴물을 물리쳤다 하더라도 일단 미궁에 들어가면 다시 빠져나올 방법이 없으니, 이를 어쩐담…….'

이때 테세우스의 고민을 풀어 줄 사람이 나타났어요. 바로 크레타의 공주 아리아드네였지요. 그녀는 테세우스의 늠름한 모습을 보고 첫눈에 반해 버렸어요.

"왕자님, 제가 그 미궁을 빠져나올 수 있는 방법을 알려 드리겠어요. 대신 저랑 결혼하겠다고 약속해 주세요."

"알겠소. 내가 괴물을 물리치고 무사히 살아 나온다면 은혜에 보답하기 위해서라도 그대를 아내로 삼겠소."

"고맙습니다, 왕자님! 자, 그럼 이걸 받으세요."

그녀는 칼과 실몽당이를 내밀며 말했어요.

"이 칼로 괴물을 물리치세요. 그리고 미궁 속으로 들어가기 전에

이 끝을 입구에 매 두고 안으로 들어가면서 실을 계속 푸세요. 그러면 나중에 풀어 놓은 실을 따라 밖으로 나올 수 있을 거예요."

테세우스는 그녀의 도움으로 괴물을 처치한 뒤 무사히 미궁을 빠져나올 수 있었어요.

'미궁'이란 여기서 비롯한 말이에요. **미궁은 들어가면 나올 길을 찾기가 쉽지 않은 곳, 사건이 쉽게 해결되지 못하게 된 상태를 뜻해요. 어떤 사건이 해결의 실마리를 잡지 못한 채 흐지부지되고 마는 것을 흔히 '미궁에 빠졌다.'고 합니다.**

판도라의 상자

많은 재난의 근원이라는 의미로 쓰이며,
알면 위험해질 수 있는 비밀 등을 이르는 말.

"에이, 판도라의 상자가 따로 없군."

돌풍이 아빠는 신문을 보다 말고 혀를 끌끌 찼어요. 부엌에서 음식을 준비하던 엄마가 돌아보았어요.

"무슨 얘기가 실렸기에 그래요?"

"이번에 터진 정치권 비리 얘기지, 뭐. 검찰에서 수사를 시작했는데 파헤치면 파헤칠수록 떳떳하지 못한 돈 거래와 부정한 일들이 마구 쏟아지고 있군그래."

옆에서 얘기를 듣고 있던 돌풍이가 끼어들었어요.

"아빠, 판도라는 무슨 과일이에요?"

돌풍이의 뚱딴지같은 질문에 아빠는 눈을 동그랗게 떴어요.

"저도 뉴스에서 봤어요. 사과 상자에 뭉칫돈을 담아서 검은돈 거래를 했다면서요. 그래서 사과 상자는 알겠는데 판도라의 상자는……."

"하하하."

"호호호."

돌풍이의 말을 듣고 엄마와 아빠는 배꼽을 잡고 웃었어요.

"판도라는 과일 이름이 아니야. 판도라는 그리스 신화에 나오는 인류 최초의 여자란다."

"그럼, 그 여자의 상자 속에도 돈이 가득 들어 있었어요?"

"허허허, 이 녀석이 점점 엉뚱한 소리만 하네. 아빠 이야기를 잘 들어 봐. 신화에 보면, 이 땅에 맨 먼저 만들어진 인간은 남자였어. 인간들은 처음에는 신의 말에 잘 따랐지. 근데 점차 난폭해져서 전쟁을 일삼은 거야. 신들의 왕인 제우스는 하늘에서 그 모습을 내려다보고 화가 났지. 그래서 인간을 혼내 주려고 인간에게서 불을 빼앗아 버렸어."

"그럼, 인간은 불을 쓸 수가 없었겠네요?"

"그런데 다행히도 프로메테우스라는 신이 인간을 불쌍히 여겨서

불씨를 훔쳐 인간에게 가져다주었어. 제우스는 이 사실을 알고 화가 머리끝까지 치밀어 프로메테우스에게 큰 벌을 주었지. 그런 다음 인간에게도 벌을 주려 했어."

"어떤 벌을요?"

"여신의 모양을 본떠 흙으로 '판도라'라는 여자를 만든 거야. 그러고는 판도라에게 아름다운 얼굴뿐 아니라 간사한 마음씨와 말재주도 함께 불어넣었어. 그런 다음 판도라를 프로메테우스의 동생 에피메테우스에게 데리고 갔어. 에피메테우스는 판도라를 보고 첫눈에 반해 아내로 맞았어. 그런데 판도라는 제우스로부터 받은 선물 상자를 하나 갖고 있었지. 그 상자는 절대로 뚜껑을 열어 봐서는 안 되는 상자였어."

"왠지 열지 말라고 하면 더 열고 싶어질 것 같아요."

"그렇지. 게다가 판도라는 호기심이 많았어. 어느 날, 남편이 일하러 간 사이 판도라는 그만 상자의 뚜껑을 열어 보았던 거야. 그랬더니 상자에서 괴상한 연기와 함께 온갖 고통과 재앙, 질병 등이 튀어나왔지. 놀란 판도라가 얼른 뚜껑을 닫아 버리는 바람에 상자 속에는 '희망'만이 남게 되었단다."

"그 상자는 제우스가 인간을 벌주려고 만든 것인데, 괜히 건드렸

다가 온갖 재앙과 나쁜 일들이 수두룩하게 생긴 거군요."

"맞아, **그래서 건드리면 뭔가 잘못된 것이 줄줄이 쏟아져 나올 위험이 있는 일이나 상황 등을 가리켜 '판도라의 상자'라고 말하는 거야.** 아빠가 아까 신문에서 본 정치권 사건도 마찬가지고……. 그렇다고 우리 사회가 어둡기만 한 건 아니야. 판도라의 상자 속에는 마지막 희망이 남아 있잖니? 오늘날 인간이 어떠한 어려움 속에서도 희망을 버리지 않는 것은 바로 그 때문이란다."

마라톤

육상 경기에서 42.195킬로미터를 달리는 장거리 경주 종목.

기원전 490년, 페르시아 제국이 그리스로 쳐들어갔어요.

바닷길을 건너온 페르시아 원정군은 그리스의 두 도시 국가를 집어삼킨 뒤, 아테네의 북동해안에 위치한 마라톤 벌판에 이르렀어요.

아테네의 거리는 술렁대기 시작했어요.

"정말 큰일이야. 엄청난 페르시아 대군이 몰려오고 있대!"

"빨리 다른 나라에 도움을 구해야 해!"

아테네는 이웃 나라인 스파르타에 구원병을 요청했지만 거절당했어요. 그러자 아테네는 더더욱 벌집을 쑤셔 놓은 듯했어요.

"이제 우린 꼼짝없이 죽게 됐어. 우리 힘만으로 그 엄청난 군사를 어찌 막아 낸단 말인가!"

"차라리 항복하는 게 어떨까? 열 배도 넘는 대군과 맞서 싸운다는 건 자살 행위야!"

"항복이라니, 말도 안 돼! 항복하면 우린 모두 노예가 되고 말 거야."

"맞아! 싸워야 돼. 모두가 목숨을 걸고 끝까지 싸운다면 물리칠 수도 있을 거야."

"옳소, 끝까지 싸우자! 와와……."

이리하여 아테네는 페르시아군을 맞아 마라톤 벌판에서 전쟁을 치렀어요.

"하하하, 저기 아테네군 좀 봐! 저 군사로 우리 페르시아 대군에 맞서려고 하다니……. 가소롭군!"

페르시아군은 아테네군을 비웃었어요.

"자, 공격! 단번에 모두 짓뭉개 버려라!"

하지만 아테네군은 그리 만만치 않았어요. 아테네군을 이끄는 밀티아데스는 명장으로 용맹과 지혜가 뛰어났지요.

'지금 페르시아군은 우릴 얕보고 있다. 그렇다면 그것을 역이용해 허를 찌르는 거다!'

페르시아군은 처음 싸움에서는 크게 이겼지만 점점 밀리기 시작했어요. 적을 협곡으로 유인한 밀티아데스의 전략과 군사들의 필사적인 저항을 당해 낼 수가 없었던 거지요. 마침내 아테네는 페르시아군을 크게 무찌르고 전쟁에서 승리했어요.

한편, 아테네 시민들은 전쟁의 소식을 기다리는 동안 마음이 조마조마했어요. 어떤 사람은 미리 전쟁에 질 것을 예상하고 눈물을 흘리기도 했어요.

"흐흐흑……. 이기기는 틀렸어. 달걀로 바위를 치는 거라고."

이때 한 병사가 거친 숨을 몰아쉬며 헐레벌떡 달려왔어요. 그는 성문 앞에 도착하자마자 쓰러지며 말했어요.

"우리 아테네가 이겼다! 우리 아테네가……."

그 소식을 전한 병사는 그 말을 끝으로 숨을 거두고 말았어요. 그는 승리의 기쁜 소식을 아테네 시민들에게 한시바삐 알리기 위해 먼 거리를 단숨에 달려왔던 거예요.

여기서 비롯한 것이 마라톤이며, 그 병사가 마라톤 벌판에서 아테네까지 달린 42.195킬로미터가 오늘날 마라톤 경기의 거리가 되었지요.

스파르타 교육

고대 스파르타에서 행하던
엄격한 훈련의 성격을 띤 교육 형태.

호랑이는 새끼를 낳으면 낭떠러지 아래로 떨어뜨려 제힘으로 기어오르는 새끼만을 키운다고 해요.

고대 그리스의 도시 국가인 스파르타에서도 이와 마찬가지로 아기가 태어나면 먼저 튼튼하게 자랄 아이인지 아닌지를 살펴본 뒤, 약하다 싶으면 가차 없이 버렸지요.

이런 관습은 그들의 교육 목적에서 비롯했어요. 고대 그리스의 여러 도시 국가 중 가장 세력이 컸던 나라는 아테네와 스파르타였어요. 아테네의 교육은 민주 정치를 바탕으로 개성과 교양을 갖춘 지혜로운 시민, 자기 책임을 다하는 인간을 만드는 데 중점을 두었지요. 그러나 스파르타는 이와 좀 달랐어요.

"우리 스파르타를 힘센 나라로 만듭시다. 그러려면 강한 군대가 필요합니다. 우리가 강한 군대로 무장을 하면 아무도 우리를 얕보거나 넘보지 못할 것입니다."

스파르타는 부강한 나라를 만들기 위해 태어날 때부터 튼튼한 몸을 가진 아이가 필요했어요. 그래서 **여러 가지 훈련을 통해 강건하고 민첩한 신체를 가진 용감한 군인을 양성하는 것이 스파르타의 교육 목적이었어요.**

사내아이는 일곱 살까지만 집에서 지내고 여덟 살이 되면 부모 곁을 떠나 열여덟 살까지 국가가 마련한 공동 교육소에서 지내며 엄격한 신체 훈련과 애국 교육을 받아야 했어요.

"스파르타의 청년들이여! 국가가 살아야 비로소 내가 살 수 있는 것입니다. 따라서 국가에 충성하고 복종하는 것은 여러분의 당연한 의무입니다. 강력한 국가를 만들기 위해 스파르타의 젊은이들은 강한 힘과 용기와 인내력을 기르는 데 온 힘을 기울여야 할 것입니다."

스파르타의 군인들은 여름이고 겨울이고 옷이라곤 망토 하나뿐이었고, 잠자리는 갈댓잎을 엮어서 만들었으며, 음식은 언제나 모자라서 눈치껏 훔쳐 먹어야 했답니다. 그러면서 강도 높은 신체 훈련과

무술을 연마해야 했지요.

이처럼 스파르타의 교육 내용은 지식보다 육체적인 단련이 우선이었어요. 군대식 훈련 방법이 일반적이었으며, 말을 듣지 않으면 무자비한 체벌을 가했지요. 이는 비단 남자아이뿐 아니라 여자아이에게도 똑같이 적용되었어요.

이런 엄격한 제도는 '리쿠르고스'라는 인물이 만들었다고 하는데,

소수의 정복자가 수십 배나 되는 원주민을 정복해서 부리던 스파르타로선 어쩔 수 없는 방법이었다고 해요. 당시 스파르타에는 포로로 잡혀 온 노예가 스파르타 시민보다 훨씬 더 많았다고 하니까요.

오늘날 '스파르타 교육'이 엄격한 교육의 대명사처럼 된 것은 여기에서 비롯하지요.

주사위는 던져졌다

일이 되돌릴 수 없는 지경에 이르러 단행하는 수밖에 없음을 이르는 말.

카이사르는 뛰어난 군사 전략가이자, 지중해를 중심으로 한 여러 나라를 정복해서 로마 제국의 기틀을 다진 인물이에요.

기원전 60년, 카이사르는 폼페이우스, 크라수스와 함께 삼두 정치를 시작했어요. 삼두 정치란 고대 로마에서 세 지도자가 동맹하여 국가 권력을 독점한 정치 형태를 뜻해요. 이들은 고대 로마의 입법 및 자문 기관인 원로원이라는 권력 집단에 맞서기 위해 서로 뭉친 것이지요.

그런데 폼페이우스는 카이사르를 마음속으로 늘 시기하고 있었어요. 왜냐하면 카이사르가 갈리아(지금의 프랑스 지역)를 평정해서 이름을 날리고 있었기 때문이지요.

그러던 중 크라수스가 전쟁터에서 죽음을 맞았어요. 그의 죽음으로 삼두 정치의 한 축이 허물어지자 폼페이우스는 무릎을 쳤어요.

'그래, 하늘이 나를 도와주는구나. 지금이 카이사르를 제거할 좋은 기회야!'

그는 원로원과 손을 잡고 카이사르를 없앨 계획을 세웠어요. 사실 원로원도 카이사르의 힘이 커지자 무척 경계하고 있던 터라 폼페이우스와 뜻이 잘 맞았지요.

"카이사르를 그냥 두면 호랑이 새끼를 키우는 것입니다. 지금 군대를 해산하고 로마로 돌아오라는 명령을 내려야 합니다."

폼페이우스의 주장을 받아들인 원로원에서는 카이사르에게 즉시 귀국하라는 명령을 내렸어요.

한편, 갈리아 지방에서 정복 전쟁에 열중하던 카이사르는 이 소식을 전해 듣고 깜짝 놀랐어요.

'아니, 이럴 수가! 내 세력이 커지는 것을 두려워한 폼페이우스의 농간이구나. 이를 어쩐다? 명령을 어길 수도 없고, 그렇다고 그냥 따를 수도 없고……. 진퇴양난이군.'

여러 날 고민하던 카이사르는 마침내 군대를 이끌고 루비콘강까지 왔어요. 이 강은 로마 본국과 갈리아 사이의 경계를 흐르고 있었어요. 만약 군대를 이끌고 강을 건넌다면 반역죄가 되는 것이었어요.

그곳에서 카이사르는 한참을 망설였어요.

"장군님, 어떻게 할까요? 어서 명령을 내리십시오. 저희는 장군님과 운명을 같이할 것입니다."

부하의 말에 마침내 카이사르는 지휘봉을 천천히 들어 올리며

이렇게 소리쳤어요.

"주사위는 던져졌다. 루비콘강을 건너라!"

이렇게 강을 건너 로마로 진격한 카이사르는 폼페이우스를 몰아내고 정권을 장악했어요.

여기서 비롯한 '주사위는 던져졌다.'는 말은 어떤 모험적인 일을 시작할 때 곧잘 쓰이며, 이미 되돌릴 수 없는 일이라는 뜻으로도 쓰여요. 이미 던져진 주사위는 어떤 숫자가 나올지 아무도 모르며, 다만 결과를 기다릴 뿐이지요.

클레오파트라의 코

고대 이집트의 여왕 클레오파트라 7세가 미모를 이용해 대제국을 세우려 한 데서 나온 말.

클레오파트라 7세는 흔히 동양의 양귀비와 쌍벽을 이루는 서양의 대표 미인으로 알려져 있어요.

클레오파트라는 이집트 왕국의 마지막 여왕이에요. 아버지 프톨레마이오스 12세가 죽자 동생인 프톨레마이오스 13세와 함께 이집트를 통치했지요. 그러나 얼마 뒤 두 사람은 사이가 틀어졌고, 궁정 안에서 두 파로 갈라져 싸움을 벌였어요.

때마침 로마의 실권자인 카이사르가 이집트로 원정을 왔어요. 클레오파트라는 매우 기뻤지요.

'옳지, 좋은 기회다! 카이사르의 힘을 빌려야지.'

클레오파트라는 카이사르의 마음을 사로잡아 그의 도움으로 마침내 왕권을 잡았어요. 그리고 카이사르의 아들 케사리온도 낳았어요.

그 후 카이사르가 암살을 당하자 클레오파트라는 새로운 권력자 안토니우스에게 접근해서 그와 결혼을 했어요. 당시 로마의 보호 아래 있던 이집트를 완전히 독립시키고, 대제국을 건설하려는 야심 때문이었지요.

그러던 중 카이사르의 양자인 옥타비아누스와의 전쟁이 벌어졌어요. 클레오파트라는 안토니우스와 연합군을 결성하여 악티움 해전에서 운명을 건 싸움을 했어요. 그러나 도중에 클레오파트라가 함대를 이끌고 달아나서 싸움은 싱겁게 끝나 버렸어요.

싸움에 패한 뒤 안토니우스가 자살하자, 클레오파트라는 옥타비아누스까지도 유혹하려 했지만 실패하고 말았지요. 결국 클레오파트라는 로마 개선식에 포로가 되어 끌려갔어요. 그녀는 모욕을 당할까 두려워 스스로 독사에 팔을 물려 목숨을 끊었어요.

클레오파트라는 여자의 몸으로 강국 로마로부터 자기 왕국을 보호하고, 더 나아가 로마의 힘을 빌려 대제국을 세워 보려 했던 이집트의 마지막 여왕이었어요. 하지만 비극적 최후를 맞고 말았지요.

　흔히 서양의 고대사를 거론할 때, "클레오파트라의 코가 조금만 낮았다면 세계의 역사가 달라졌을 것이다."라는 말을 해요. 이것은 프랑스의 철학자 파스칼이 《팡세》에서 처음 쓴 말이에요. 하지만 원문을 충실히 옮기면 이렇답니다.

　"클레오파트라의 코가 조금만 더 낮았더라면 세계의 얼굴이 변했을 것이다."

이 말을 깊이 해석하다 보니 '세계의 역사'와 연결 짓게 된 것인데, 이것만 보더라도 그녀가 세계사에 어떠한 영향을 끼쳤는지 충분히 짐작할 수 있어요.

그러나 실제 클레오파트라의 얼굴은 절세의 미인이라고까지 할 정도는 아니었다고 해요. 미모만으로 여러 영웅의 마음을 사로잡은 것은 아니었지요. 미모와 더불어 풍부한 교양과 재치, 뛰어난 말솜씨가 그녀의 매력을 한층 빛내 주었던 거예요.

특히 그녀의 목소리는 더없이 감미로웠는데, 그리스 전기 작가 플루타르크는 줄이 많이 달린 현악기가 울리는 음색 같다고 표현했어요. 또한 클레오파트라는 외국어에도 능통해서 수개 국어를 자유자재로 구사했다고 해요.

로마의 대표 장군인 카이사르와 안토니우스를 매혹한 클레오파트라는 로마인으로부터 '나일강의 마녀'라는 악담을 듣기도 했으나, 최후의 깨끗한 죽음은 높이 평가되고 있어요.

산타클로스

성탄절 전날 밤 어린이의 양말에
선물을 넣고 간다는 전설 속의 성인.

흰 수염에 고깔모자, 빨간 옷을 입은 산타클로스는 우리에게 매우 친근한 존재이지요. 특히 크리스마스이브에 착한 어린이들에게 선물을 가져다준다는 전설로 더욱 잘 알려져 있어요.

산타클로스란 이름은 크리스트교의 성인 상투스 니콜라우스에서 비롯했어요. 니콜라우스는 4세기경 소아시아(지금의 터키) 지방 수도 미라의 주교였다고 해요. 그러나 그가 실제로 존재했는지는 역사 문헌에도 나와 있지 않기 때문에 정확히 알 수 없어요. 다만 전설에 따라 그의 생애를 엮어 볼 수는 있지요.

니콜라우스는 고대 리키아의 항구 도시 파타라에서 태어났어요.

청년 시절 팔레스타인과 이집트 지역을 다녀와 미라의 주교가 되었지요. 이후 로마의 크리스트교 박해 때 감옥에 갇히기도 했지만, 크리스트교를 국교로 정한 콘스탄티누스 황제 덕분에 풀려났다고 해요.

니콜라우스에 관한 전설은 그가 죽은 뒤 빠른 속도로 불어났어요. 최초의 전설은 사형 판결을 받은 세 명의 관리 이야기예요. 니콜라우스가 콘스탄티누스 황제의 꿈에 나타나는 바람에 관리들이 사형 직전에 목숨을 건졌다는 기적 같은 일화지요.

그의 전설 중에서 가장 흥미로운 것은 어린이들을 큰 위험에서 구해 주었다는 이야기예요. 아마도 산타클로스가 어린이의 우상이 된 것은 이런 전설 때문일 거예요.

니콜라우스의 명성이 높아지자 당시 여러 나라에서는 그의 이름을 따서 도시 이름을 짓기도 했어요. 또한 니콜라우스란 이름을 본떠 니콜스, 니콜슨, 콜슨, 콜린스 등의 이름이 유행하기도 했답니다. 그뿐 아니라 중세 시대에는 2천여 개의 니콜라우스 교회가 있었고, 광장과 다리, 길가 등 가는 곳마다 그의 동상을 볼 수 있었다고 하니 니콜라우스의 인기가 어떠했는지 충분히 짐작이 갈 거예요.

니콜라우스는 라틴어로 '상투스 니콜라우스'라고 해요. 아메리카 신대륙에 이주한 네덜란드인이 이 성인을 네덜란드어로 '산테 클라

스'라 불렀는데, 이 말이 다시 영어식으로 바뀌어 지금의 '산타클로스'가 되었다고 해요.

 그러면 어떻게 산타클로스가 크리스마스에 빠져서는 안 될 사람이 되었을까요? 성 니콜라우스의 축제일은 12월 6일이며, 독일과 스위스 및 네덜란드에는 그 전날 밤에 선물을 나누는 풍습이 있었어요. 이것이 크리스마스 풍습과 한데 어우러져 오늘날처럼 크리스마스이브에 선물 꾸러미를 짊어진 산타클로스의 이미지를 만들어 냈답니다.

  산타클로스의 따뜻한 옷과 사슴이 끄는 썰매 등에서 알 수 있듯이 이러한 풍습은 원래 북유럽의 것이었어요. 그래서 이탈리아와 에스파냐 등 남유럽 여러 나라에는 지금도 산타클로스의 풍습이 없답니다. 대신 남유럽에서는 예수님이 탄생한 말구유 등의 모형과 인형을 장식하며 크리스마스를 축하한다고 해요.

면죄부

죄를 없애 주거나 책임을 면해 주는 조치를 비유적으로 이르는 말.

"…… 제6조 교황은 하느님이 용서한 바를 선언하는 것 외에 어떠한 죄도 용서할 수 없다……. 제27조 영혼이 천국에 가기 위해선 돈을 내야 한다는 거짓 설교를 하지 마라……. 제37조 참다운 크리스트교인은 면죄부가 없어도 하느님의 축복을 나누어 가진다……."

이는 마틴 루터가 교황의 면죄부 판매를 맹렬히 비난하며 내건 〈95개조 반박문〉 중 일부예요.

'면죄부'란 죄를 용서받고 천국에 갈 수 있다는 증표를 말해요. 우리가 어떠한 목적지에 가기 위해 차표를 끊듯이 천국에 가기 위해 돈을 주고 표를 예약하는 것이라고 할 수 있지요.

중세 말기 때 성당 건립과 포교로 돈이 많이 필요해지자 교황은 헌금을 권하면서 속죄 증명서, 즉 면죄부를 마구잡이로 발행해서 많은 폐해를 일으켰어요.

"면죄부는 살아 있는 사람들만을 위한 것이 아닙니다. 죄를 많이 짓고 죽은 자들의 영혼이 천국에 못 가고 구천을 떠돌고 있습니다. 자, 죽은 영혼의 영원한 평안을 위해서 면죄부를 삽시다."

1476년 교황 식스토 4세는 이렇게 이미 죽은 사람들의 면죄부까지 만들어 팔았어요. 이뿐이 아니에요. 그 뒤 이러한 악습은 더욱 심해

져서 교황 레오 10세 때는 대대적인 면죄부 판매 활동이 일었지요.

"자, 싸요, 싸. 면죄부를 사세요. 20퍼센트 파격 할인, 오늘부터 한 달간 면죄부도 가격 파괴에 들어갔습니다. 천국에 가기 위한 확실한 보증 수표! 이 기회를 놓치지 마세요. 면죄부만 있으면 천국에 갈 수 있습니다."

이렇게 되자 교회는 종교적 기능을 잃고 면죄부를 판매하는 곳이 되어 버렸고, 성직자는 판매를 담당하는 장사꾼이 되어 버렸어요. 다시 말해 면죄부는 중세 교회의 타락을 상징하게 된 것이지요.

"쯧쯧, 교회가 점점 잘못된 길로 가고 있어."

"그러게 말이야. 하느님의 이름을 팔아 배를 불리는 자들이야!"

이렇게 백성들의 원성이 높아지자 마틴 루터가 나서서 종교 개혁을 부르짖었지요.

"성서에는 '부자가 천국에 가기는 낙타가 바늘구멍에 들어가는 것보다 더 어렵다.'고 나와 있습니다. 하지만 이젠 정반대입니다. 부자들은 돈이 많으니 면죄부를 사서 천국에 가고, 가난한 사람은 돈이 없으니 천국에 갈 엄두도 낼 수 없게 되었습니다. 종교를 개혁해야 합니다!"

루터의 개혁 운동은 뜨거운 반향을 일으켜 순식간에 유럽 전체로 퍼져 나갔어요. 이렇게 구교(천주교)에 대항해서 생겨난 것이 바로 신교(기독교)지요.

요즘도 뉴스에서 '면죄부'란 말이 종종 들립니다. **비리를 저지른 고위층 인사를 적당한 명분으로 눈감아 주는 것을 두고 '면죄부'라는 표현을 쓰곤 하지요.**

마녀사냥

특정 사람에게 죄를 뒤집어씌우는 것을 비유적으로 이르는 말.

"도대체 어디 있는 거지? 내 지갑이 없어졌어!"

수지는 금방 울상이 되었어요.

그때 유미가 수지의 귀에 대고 뭐라고 소곤거렸어요. 얼마 뒤 수지는 건너편에 앉아 있는 돌풍이에게 다가가 다짜고짜 소리쳤어요.

"돌풍아, 너 내 지갑 가져갔지?"

"무슨 소리야!"

"너 아까 체육 시간에 화장실 간다면서 교실에는 왜 들어갔니?"

"콧물이 나와서 휴지 가지러 들어갔어!"

"거짓말 마! 네 가방 이리 내 봐!"

결국 둘 사이에 싸움이 벌어졌어요. 마침 수업 시작종이 울리는 바람에 싸움은 그쳤어요.

유미는 수업 시간 내내 마음이 불안했어요. 자기가 그만 경솔하게 말하는 바람에 일이 이렇게 커졌거든요. 유미는 잘못하다간 친구들에게 망신을 당하겠다 싶어 확실하지도 않은 소문을 퍼뜨렸어요.

"돌풍이가 훔쳐 간 게 틀림없어! 아까 혼자서 뭘 만지작거리다가 내가 슬쩍 보니까 후다닥 가방에 감추더라고. 언뜻 봐서 잘 모르겠지만 수지 지갑 같았어."

마침내 아이들은 돌풍이를 도둑으로 믿게 되었어요.

돌풍이는 너무 억울해서 펄쩍펄쩍 뛰었어요.

"왜 모두 나를 도둑으로 모는 거야!"

하지만 정작 지갑은 엉뚱한 곳에서 나왔어요.

그날 저녁 집에 돌아온 수지에게 엄마가 말했어요.

"수지야, 너 집에 지갑 두고 갔더라. 현관에 떨어져 있길래 내가 잘 놔 뒀다."

순간 수지는 뒤통수를 얻어맞은 것처럼 정신이 아찔했어요. 낮에 학교에서 돌풍이와 싸웠던 일이 생각났거든요. 수지는 다음 날 학교에 가자마자 돌풍이에게 진심으로 사과했어요. 다행히 돌풍이는 누명

을 벗었지요.

옛날 서양에서는 한번 마녀로 몰리면 죽음을 면치 못했어요. 크리스트교 사상이 지배하던 중세 시대의 교회에서는 성경의 가르침을 지키도록 강요했고, 이를 어기는 사람은 누구를 막론하고 악마에게 홀린 자로 몰아 모조리 처형했어요.

중세 시대에는 이렇게 억울하게 누명을 쓰고 희생된 사람이 많았어요. 프랑스의 애국 소녀 잔 다르크도 마녀로 몰려 처형되었어요. 잔 다르크가 나라를 구하고 영웅 대접을 받자 이를 시기한 무리가 그녀를 모함한 것이지요.

한번 마녀로 몰리면 아무리 자신의 결백을 주장해도 소용이 없었어요. 그리고 마녀 재판에는 잔인한 고문이 뒤따랐지요. 죄 없는 사람들은 악독한 고문에 못 이겨 자신이 마녀라고 자백을 하고 화형을 당했어요. 오랜 세월에 걸쳐 수많은 사람이 억울하게 처형되었는데, 이런 일을 '마녀재판' 혹은 '마녀사냥'이라고 부른답니다.

코페르니쿠스적 전환

사고방식이나 견해가 이전과 크게 달라지는 것을 비유적으로 이르는 말.

대보름날, 하늬와 돌풍이는 아빠의 손을 잡고 뒷산 기슭으로 달구경을 갔어요.

"와, 환하다!"

꽉 찬 보름달이 방긋 웃으며 하늬와 돌풍이를 내려다보는 것 같았어요.

"아빠, 그런데 왜 달은 한 달에 한 번만 동그래지는 거예요?"

돌풍이가 갑자기 엉뚱한 질문을 했어요.

"그건 달이 우리가 살고 있는 지구의 주위를 한 달에 한 바퀴씩 돌고 있기 때문이지."

"아, 그렇구나. 그럼 해는 하루에 한 바퀴씩 돌겠네요? 매일 아침마다 동쪽 하늘에서 동그랗게 뜨니까요."

"바보, 태양이 지구의 주위를 도는 것이 아니라 지구가 태양 주위를 도는 거야."

하늬가 낄낄거리며 말했어요.

그런데 옛날 사람들은 모두 돌풍이처럼 태양과 별들이 지구의 주위를 돌고 있다고 믿었습니다. 우주의 중심이 지구라고 생각했지요.

이를 '천동설'이라고 해요.

천동설은 그리스의 천문학자인 프톨레마이오스라는 사람이 주장했는데, 당시 교회에서는 이 천동설을 무척 중요하게 생각했지요. 성경에 하느님이 지구를 창조했다고 쓰여 있기 때문이에요. 그래서 중세에는 천동설이 틀렸다고 말하면 성서를 믿지 않는 사람이라고 해서 큰 벌을 내리거나 화형에 처했어요.

그런데 16세기 폴란드의 천문학자인 니콜라우스 코페르니쿠스는 하늘을 열심히 관측한 결과 한 가지 결론을 얻었어요. 즉, 태양이 지구를 도는 게 아니라 지구가 태양 주위를 돈다는 것이었지요. 이를 '지동설'이라고 해요. 하지만 코페르니쿠스는 고민이 되었어요.

'지동설을 발표하면 교회에서 나를 가만두지 않을 텐데……. 목숨을 걸고 지동설을 주장할 수도 없고. 이를 어쩐다?'

코페르니쿠스는 10여 년간 이런 고민을 하다가 결국 죽기 직전인 1543년에 《천체의 회전에 관하여》란 책을 펴냈어요.

이 책이 세상에 나오자 유럽은 발칵 뒤집혔지요.

"아니, 그 늙은이가 노망이 들었지. 이런 얼토당토않은 얘기로 하느님의 성경 말씀을 거역하다니!"

교회 성직자들은 '악마의 책'이라며 책을 빼앗아 불태웠어요.

그 뒤 이탈리아의 브루노라는 사람이 코페르니쿠스의 지동설을 받아들여 책의 내용을 설교하다가 교회의 노여움을 사 화형을 당했답니다.

근대의 과학자 갈릴레오 갈릴레이 또한 지동설을 주장하다 종교 재판을 받고 자기의 주장을 거두었지요. 로마 교황청의 위협으로 천동설에 서명했지만, "그래도 지구는 돈다."는 명언을 남겼어요.

코페르니쿠스는 모든 사람이 천동설을 믿고 있던 시절에 지동설을 주장해 세상을 깜짝 놀라게 한 인물이에요. '코페르니쿠스적 전환'은 이처럼 사고방식이나 견해가 기존과 크게 달라지는 혁명적 전환을 뜻해요.

콜럼버스의 달걀

누구나 할 수 있지만 처음으로 시작하기는 어렵다는 것을 비유적으로 이르는 말.

옛날에는 지구촌이란 말이 없었어요. 교통이 발달하지 않았기 때문에 각 나라를 자유롭게 오갈 수 없었거든요. 그래서 지구에 어떤 나라들이 있는지 정확히 알지 못했어요.

하지만 중국에서 발명한 나침판이 유럽에 전해지고, 지구가 둥글다는 사실이 알려지면서 다른 대륙에 있는 나라들에 대한 호기심이 커지기 시작했어요.

"저 바다 건너에는 어떤 나라가 있을까?"

"소문 들었나? 동방에 인도라는 나라가 있는데, 거긴 황금이 길바닥에 마구 널려 있대!"

유럽인들은 배를 타고 바다 건너에 있는 땅을 찾아 탐험에 나섰어요. 그렇게 인도로 가는 뱃길을 찾으려고 항해하다가 우연히 신대륙을 발견하게 된 거지요.

이 신대륙을 처음 발견한 사람이 바로 에스파냐의 탐험가 콜럼버스예요. 신대륙을 발견하고 돌아온 콜럼버스는 국민들로부터 커다란 환영을 받았어요.

"와아, 만세! 위대한 콜럼버스 만세!"

"콜럼버스는 우리의 영웅이다!"

그러자 한쪽에서는 그의 인기를 시샘하는 사람들이 생겨났어요. 그들은 콜럼버스를 이렇게 비꼬았어요.

"신대륙 발견이 뭐 그리 대단한 거라고……. 누구든지 배를 타고 서쪽으로 가기만 하면 되는 것 아냐!"

"맞아. 왜들 콜럼버스가 영웅이라도 되는 것처럼 난리인지 몰라!"

어느 환영회장에서 그 이야기를 들은 콜럼버스는 가만히 자리에서 일어나 모인 사람들을 한번 훑어보았어요. 그러고는 주머니에서 달걀을 하나 꺼냈어요.

"자, 여기에 달걀이 하나 있습니다. 여러분 중에서 이것을 책상 위에 세울 수 있는 분이 있습니까?"

사람들은 저마다 달걀을 세우려고 애썼으나 아무도 세우지 못했어요. 동그란 달걀이 평평한 책상에 똑바로 설 리가 없었지요.

이때 콜럼버스가 달걀의 한쪽 끝을 책상에 대고 가볍게 쳐서 평평하게 만들었어요. 그러자 달걀은 쉽게 섰어요.

그 자리에 있던 사람들이 실망한 투로 소리쳤지요.

"이런 순 엉터리! 그렇게 하면 누군 못해?"

그러자 콜럼버스가 나서서 말했어요.

"바로 그것입니다. 누군가 한번 세운 뒤에는 아무라도 쉽게 세울 수 있는 법이지요. 새로운 땅을 찾아 떠나는 탐험도 이와 마찬가지입니다. 남이 하지 못한 일을 맨 처음 하는 것은 어려운 일이란 말입니다!"

그 이후로는 아무도 콜럼버스를 비웃지 않았다고 해요.

이때부터 '콜럼버스의 달걀'은 누구나 할 수 있지만 처음으로 시작하기는 어렵다는 뜻으로 쓰이게 되었답니다.

엘도라도

16세기 에스파냐 사람들이 남아메리카 아마존강 부근에 있다고 상상한 황금의 나라.

　엘도라도는 남아메리카 북부 어딘가에 있다고 전해지는 황금의 나라를 가리키는 말이에요. 그런데 원래 엘도라도는 에스파냐어로 '금가루를 칠한 사나이'라는 뜻이지요.

　지금의 콜롬비아 보고타 북동쪽에 위치한 구아타비타 호수 근처에는 인디언 마을이 있었어요. 이 마을에서는 축제 때 온몸에 금가루를 칠한 추장이 의식을 마치면 호수에서 금가루를 씻어 냈고, 부하들은 귀금속을 호수에 던졌답니다. 금가루가 퍼진 호수는 금빛 광채를 띠며 눈부신 장관을 이루었다고 해요. 이 전설은 당시 에스파냐의 탐험가들 사이에서 급속도로 퍼져 나갔어요.

"엘도라도를 찾아라! 그러면 황금을 손에 쥔 부자가 된다!"

그래서 남아메리카 정복에 나섰던 사람들은 엘도라도, 즉 금가루를 칠한 사나이를 찾기 위해 구석구석을 뒤지고 다녔어요. 이 때문에 원주민 인디언들은 정복자들에게 수난을 당하기도 했지요.

사실 서양 유럽에서는 이탈리아의 여행가 마르코 폴로가 《동방견문록》을 쓴 이래로 세계 어딘가에 황금의 나라가 실재한다는 전설이 널리 퍼져 있었어요. 그러다 15세기 말 콜럼버스가 아메리카 대륙을 발견하자 유럽 사람들은 바로 그 땅에 황금의 도시가 있다는 환상을 품고 모험길에 나섰던 것이지요.

사람들은 엘도라도가 오리노코강과 아마존강 사이의 어디쯤에 있을 것이라고 믿었어요. 에스파냐의 탐험가이자 잉카 제국을 정복한

피사로는 아마존강 유역을, 영국의 탐험가 월터 로리는 오리노코강 유역을 헤맸지만 모두 실패로 끝났어요. 이 밖에도 수많은 사람이 탐험에 나섰지만 헛수고에 그치고 말았지요.

에스파냐 정복자들은 엘도라도를 찾는 데는 실패했으나 아예 성과가 없진 않았어요. 1534년 '산타 델 캄포호'가 잉카 제국 최후의 왕 아타우알파의 몸값으로 받은 황금과 보물들을 싣고 에스파냐의 세빌리아 항구에 돌아왔어요. 이로써 일찍부터 황금 도시를 찾던 유럽인들의 꿈은 더욱 부풀어 올랐지요. 그 후 제2, 제3의 엘도라도 전설이 꼬리를 물고 이어져 18세기까지도 황금을 찾아 떠나는 탐험 열기가 계속되었어요.

이렇게 생겨난 엘도라도 전설은 여러 작가에게 영감을 주었어요. 〈애너벨 리〉란 시로 잘 알려진 에드거 앨런 포는 시 〈엘도라도〉를 썼고, 볼테르의 소설 《캉디드》에서는 주인공이 엘도라도를 찾아가며, 밀턴의 서사시 《실낙원》에도 엘도라도에 관한 내용이 나와요.

요즘도 **엘도라도는 인간이 이상향으로 그리는 '황금의 땅'을 상징하는 말로 흔히 쓰이고 있어요. 미지의 세계에 대한 탐험심과 풍요에 대한 동경심이 함께 깃들어 있는 상상의 땅이라고 할 수 있지요.**

드라큘라

영국의 작가 스토커가 쓴 괴기 소설이자,
그 속에 나오는 흡혈귀의 이름.

우리나라 귀신의 대표격은 머리를 풀어헤치고 입가에 피를 묻힌 처녀 귀신이고, 중국은 손을 앞으로 뻗은 채 캥거루처럼 껑충껑충 뛰는 강시예요. 그렇다면 서양의 귀신은 어떤 모습일까요? 두말할 것도 없이 무시무시한 이빨을 가진 드라큘라겠지요.

드라큘라는 밤마다 사람의 목에서 피를 빨아 먹으며 500년 이상이나 살아온 흡혈귀의 이름이에요. 아일랜드 출신의 소설가 스토커가 쓴 《드라큘라》에서 주인공으로 처음 등장했지요.

19세기 말 어느 날, 영국 런던에서 무시무시한 사건이 벌어졌어요. 루시라는 처녀가 의문의 죽음을 당하게 된 거예요. 그런데 이상하게도 이 처녀의 목에는 선명한 이빨 자국만이 남아 있고, 주변에는 피 한 방울 떨어진 흔적이 없었지요.

반 헬싱 박사는 이 사건을 파헤친 끝에 드라큘라의 존재를 알아냈어요.

드라큘라는 루마니아 남부 트란실바니아 지방의 성주로, 외딴 성에서 혼자 살고 있었어요. 백작은 낮에는 관 속에서 자고 저녁이 되면 일어나 사람을 덮치는 무서운 흡혈귀였어요. 이 드라큘라가 루시의 피를 빨아 먹어 살해한 것이죠.

반 헬싱 박사는 흡혈귀에게 피를 빨려 죽은 사람은 같은 흡혈귀가 되어 영원히 죽지 않으며, 흡혈귀는 마늘과 십자가와 태양 광선을 두려워한다는 사실을 알게 되었어요. 결국 드라큘라 백작은 자신의 실체를 알아낸 헬싱 박사에게 쫓기다가 심장에 말뚝이 박혀 죽게 되지요.

이 소설의 주인공 드라큘라의 모델은 실제 인물이라고 해요. 그는 15세기에 실제로 살았던 왈라키아 공국의 영주, 블라드 4세이지요. 그는 당시 적국인 강대국 터키와 불가리아에 맞서 싸우다 전사했어요. 그는 이 싸움에서 2만 명이나 되는 터키인과 불가리아인을 말뚝에 박아서 잔인하게 죽였다고 해요.

하지만 이것이 거짓 소문이라는 얘기도 있어요. 신성 로마 제국과 터키, 헝가리 등에 둘러싸인 작은 나라의 군주였던 그는 주변 나라에 절대 무릎을 꿇지 않고 독립된 나라를 지키기 위해 싸웠어요. 그래서 그를 없애려고 헝가리 측에서 이런 헛소문을 퍼뜨려 블라드 4세를 궁지에 몰아넣었대요.

블라드 4세는 루마니아어로 악마를 의미하던 '드라큐르'로 불리다가 시간이 지나면서 드라큘라라는 이름으로 더 유명해졌지요. 역사적 사실과는 달리 독립의 영웅이 흡혈귀가 되고 만 거예요.

　이렇게 해서 드라큘라는 프랑켄슈타인과 더불어 괴기 영화의 대표 주인공이 되었어요. 덕분에 벨라 루고시, 크리스토퍼 리 같은 유명한 드라큘라 배우가 탄생하기도 했어요.

샌드위치

무엇인가의 사이에 끼어 있는 난처한 상태를 비유적으로 이르는 말.

옛날 영국에 존 샌드위치라는 이름의 백작이 살았어요. 그는 카드놀이를 무척이나 좋아했어요. 어찌나 카드놀이를 즐기는지, 카드만 손에 잡았다 하면 밥 먹는 것도, 잠자는 것도 잊을 정도였어요. 그래서 식사 시간만 되면 하인은 늘 고민이었어요.

'어유, 오늘 식사는 또 어떡한다? 준비해 봤자 분명 드시지도 않을 텐데……. 난감하군.'

이날도 샌드위치 백작은 카드놀이에 푹 빠져 있었어요. 판이 한창 무르익었을 무렵 하인이 들어왔어요.

"백작님, 식사 준비가 다 됐습니다."

"조금만 기다려. 한 판만 더 하고……."

그러는 동안 애써 만든 요리는 다 식어서 엉망이 되었어요. 한두 번도 아니고 매번 이런 식이라 하인으로선 식사 준비가 늘 고민이었어요.

'카드놀이를 하면서 드실 수 있는 간단한 음식이 뭐 없을까?'

하인은 한참을 고민한 끝에 좋은 생각이 떠올랐어요.

'옳지! 빵 조각 사이에 고기와 야채 등을 넣으면 카드놀이를 하면서도 간편하게 한 손으로 드실 수 있을 거야.'

하인은 정성껏 만든 음식을 들고 다시 백작이 있는 방으로 올라갔어요.

"백작님, 저녁 식사를……."

"아, 됐네. 지금 한창 잘되는데 밥 먹을 시간이 어디 있나? 배가 좀 고프긴 하지만 그냥 참겠네."

백작은 카드에 완전히 넋이 빠져 있었어요. 그때 하인이 준비해 온 음식을 내밀었어요.

"백작님, 그럼 이거라도 드세요."

"아니, 이게 뭔가?"

"그냥 간단하게 드실 수 있도록 만들어 본 것입니다."

백작은 음식을 받아 한 입 베어 물었어요. 간편하게 손으로 들고 먹을 수 있어서 카드놀이를 하는 데 전혀 지장을 주지 않았어요. 백작은 매우 흐뭇한 표정으로 하인에게 물었어요.

"이거 자네가 만든 건가?"

"네, 그렇습니다!"

"참 간편하고 좋은 음식이군. 덕분에 잘 먹었네."

샌드위치 백작은 그 음식으로 요기를 하며 하루 24시간 꼬박 카드 놀이를 하는 기록을 세웠어요. 이때 같이 놀던 친구들도 그 음식을 먹어 보았는데, 맛이 그만이었어요.

"이거 맛이 괜찮군. 가끔 집에서 해 먹어야겠는데……."

그리하여 이 간편한 음식은 널리 퍼졌으며, 백작의 이름을 따서 '샌드위치'라 부르게 되었어요. 그 후 샌드위치는 식사 대용으로 많은 사람의 사랑을 받게 되었지요. 흔히 두 세력 사이에 끼어 난처한 상황에 처했을 때 '샌드위치가 됐다.'는 표현을 쓰기도 해요.

백일천하

짧은 기간 동안의 부귀영화
또는 단명으로 끝난 정권을 비유적으로 이르는 말.

정복 왕 나폴레옹에 얽힌 이야기예요.

1789년 프랑스 혁명이 일어나자 유럽 여러 나라의 왕들은 걱정이 되었어요.

"정말 큰일이야. 우리 나라까지 혁명의 불길이 번지면 어쩌지? 혁명을 막을 대책을 세워야 되겠어."

프랑스에 맞서기 위해 여러 나라가 동맹을 맺었어요. 영국, 프로이센, 오스트리아 등이 여기에 동참했어요.

그 즈음 나라를 어지럽힌 프랑스 왕이 처형을 당하자, 혁명을 반대하는 세력은 외국의 힘을 빌려 반란을 일으켰어요. 프랑스는 더욱 큰 혼란에 빠졌지요. 이때 젊은 장군 나폴레옹이 등장해 외국의 군대를 모조리 무찌르고 반란도 진압했어요.

"와! 나폴레옹 만세!"

"나폴레옹이 프랑스 혁명을 지켰다!"

나폴레옹은 순식간에 영웅이 되었어요.

한편, 유럽의 이웃 나라들은 혁명을 방해하기 위해 또다시 프랑스에 쳐들어갈 기회만 노리고 있었어요.

"이 기회에 아예 여러 나라의 콧대를 꺾어 프랑스를 넘보지 못하게 해야겠소."

나폴레옹은 군대를 이끌고 원정길에 나섰어요. 그리하여 오스트리아, 이탈리아를 비롯하여 바다 건너 이집트까지 쳐들어갔어요. 그가 이끄는 프랑스군은 무적의 군대여서 가는 곳마다 무릎을 꿇지 않는 나라가 없었어요.

나폴레옹의 인기는 하늘을 찌를 듯 높아졌어요. 그러자 나폴레옹은 욕심이 생겨 스스로 황제의 자리에 올랐어요.

그런데 황제가 된 나폴레옹에게도 한 가지 아쉬운 것이 있었어요. 유럽의 다른 나라들은 나폴레옹을 황제로 떠받드는데, 영국만은 머리를 숙이지 않았던 거예요. 영국은 해군의 힘이 워낙 세기 때문에 프랑스가 함부로 할 수가 없었지요. 그래서 나폴레옹은 유럽 여러 나라에 이런 명령을 내렸어요.

"이제부터 영국과는 어떤 물건도 사고팔지 마시오."

섬나라인 영국을 어려움에 빠뜨려 골탕 먹일 생각이었지요. 하지만 이 명령을 어긴 나라가 하나 있었어요. 바로 러시아였어요. 화가 난 나폴레옹은 대군을 이끌고 러시아로 쳐들어갔어요.

그러나 한때 "나의 사전에 불가능이란 말은 없다." 하고 큰소리치며 전 유럽을 휩쓴 나폴레옹은 크게 패하고 말았어요. 그러자 그동안 나폴레옹의 위세에 눌려 숨을 죽이고 있던 유럽 여러 나라가 한꺼번에 반란을 일으켰어요. 결국 나폴레옹은 이들 동맹군에 체포되어 엘바섬으로 귀양을 가게 되었답니다.

그러나 나폴레옹은 기적적으로 탈출에 성공해서 프랑스로 돌아왔어요. 그러고는 다시 황제의 자리에 올랐어요. 그러자 유럽의 동맹군은 또다시 프랑스로 쳐들어갔어요.

나폴레옹은 워털루에서 이들과 결전을 벌였지만 안타깝게도 싸움에 패하고 말았지요. 그 뒤 죽음의 섬이라 불리는, 대서양 세인트 헬레나섬으로 또다시 유배되어 죽음을 맞았어요. **나폴레옹이 다시 황제의 자리에 앉은 지 백 일 만의 일이었지요. 그 후 '백일천하'란 말은 단명으로 끝난 정권을 가리키는 뜻으로 쓰이게 되었답니다.**

좌파와 우파

어떤 단체나 정당 내에서 진보적 경향을 지닌 파를 좌파, 보수주의적 경향을 지닌 파를 우파라 이른다.

"다녀왔습니다. 어, 삼촌 오셨네!"

돌풍이가 집에 들어서자 거실에서 엄마와 얘기를 나누고 있던 삼촌이 반갑게 맞아 주었어요.

그런데 오늘따라 집이 소란스러웠어요.

"엄마, 오늘 무슨 날이에요?"

"하늬 누나가 자기 반 친구들을 잔뜩 데리고 와서 무슨 회의를 한다고 난리다. 학급 신문을 만들기로 했다나 어쨌다나. 그보다 삼촌이 오랜만에 왔는데 집이 시끄러워서……."

엄마는 삼촌에게 미안해하는 듯한 얼굴이었어요.

"뭘요, 전 좋기만 한데요. 그런데 저 녀석들 지금 뭐 하고 있어요? 아까 보니까 왼쪽, 오른쪽으로 나눠 앉아서 제법 심각하게 얘기하던데요. 마치 좌파와 우파 같았다니까요. 하하하!"

돌풍이는 머리를 갸웃거렸어요.

"삼촌, 좌파와 우파라는 말이 그렇게 웃긴 말이에요?"

"그 말을 그대로 풀어 보면 좌파는 왼쪽에 앉은 사람들을, 우파는 오른쪽에 앉은 사람들을 가리켜."

"치이, 난 또……. 별말도 아니네."

삼촌의 싱거운 설명에 돌풍이는 다소 실망한 표정이었어요.

"별말도 아니라니! 그 말들은 엄청난 뜻을 가지고 있단다. 보통 좌파라고 하면 사회주의 이념을 가진 사람들을 가리키고, 우파는 자유민주주의를 지키려는 사람들을 가리키지."

"삼촌, 말이 참 어려워요!"

"쉽게 얘기하면, **보통 좌파는 새로운 것을 추구하려는 사람들을 일컫는 말로 쓰여. 진보파라는 말과 같은 뜻이지. 이에 반해 우파는 새로운 것을 거부하고 옛것을 지키려는 사람들을 말해. 그래서 보수파라고도 하지.** 세계의 역사는 이렇게 진보적인 사람들과 보수적인 사람들이 서로 맞서면서 발전해 왔단다."

삼촌은 무척 진지한 얼굴로 얘기했어요.

"아, 그렇구나. 그런데 좌파와 우파란 말은 어떻게 생겨났어요?"

"18세기 프랑스 혁명이 일어나면서 생겨났지."

"프랑스 혁명이요? 어디서 들어 본 말인 것 같기도 한데……. 아, 나폴레옹이 활약했던 그 혁명 말이군요."

"그래, 바로 그 프랑스 혁명을 승리로 이끈 시민들은 왕이 다스리는 정치를 폐지하고 시민들의 대표를 뽑아서 하는 정치를 시작했지.

그 대표 기관을 국민 공회라 불렀는데, 국민 공회를 이끈 사람들은 자코뱅당과 지롱드당으로 나뉘어 있었어. 두 집단은 왕을 사형시키는 문제를 비롯해 정치에 대한 생각이 서로 달랐지. 자코뱅당은 상당히 진보적이고 급진적인 주장을 한 반면, 지롱드당은 다소 보수적인 태도를 가졌어. 그런데 공교롭게도 회의를 할 때마다 자코뱅당은 왼쪽에 우르르 몰려 앉고, 지롱드당은 오른쪽에 몰려 앉았지 뭐야. 그래서 사람들은 말하기 쉽게 자코뱅당을 좌파, 지롱드당을 우파라 불렀대."

"좌파와 우파라는 말이 생겨난 이유가 참 재미있네요. 크크크!"

보이콧

어떤 대상을 고립시키기 위해 여럿이 같이 뭉쳐서 배척하는 일.

 보이콧은 아일랜드의 지주였던 '보이콧'이란 인물의 이름에서 유래해요. 한때 육군 대위이기도 했던 보이콧은 소작농들에게 매우 지독하게 굴었어요. 이 때문에 보이콧은 농민들의 반발을 샀을 뿐 아니라, 지주 사회에서도 따돌림을 받았어요.
 1879년 아일랜드에는 전에 없이 큰 흉년이 들었어요. 그러자 농민들은 걱정에 휩싸였지요.
 "큰일이오. 이제 어떻게 살아야 할지……."
 농민들은 저마다 땅이 꺼져라 한숨만 쉬었어요.
 "한숨만 쉬면 뭐 하겠소? 뭔가 살 방도를 찾아봅시다."

"흉년이 들었는데 어디서 도둑질을 하지 않는 이상 무슨 방도가 있겠소?"

"아니오, 우리 농민들이 힘을 뭉친다면 뭔가 좋은 방법이 생길 거요."

이렇게 해서 그해 토지 동맹이 결성되었어요. 이듬해인 1880년 토지 동맹은 소작료를 25퍼센트 내려 달라고 요구했어요.

그러나 지주 보이콧은 콧방귀를 뀌었어요.

"흥, 어림없는 소리 마라! 제 놈들이 농사를 잘못 지어서 흉년 든 걸 왜 나한테 와서 하소연이야."

보이콧 아래서 농사를 짓는 소작인들은 눈앞이 캄캄했어요.

"잘못하면 다 굶어 죽게 생겼소."

"정말 지독한 사람이야. 이런 흉년에는 소작료를 좀 깎아 줘야 우리도 살 수 있을 텐데……."

보이콧은 소작인들의 딱한 사정은 아랑곳하지 않은 채 소작료를 전부 거두어들였어요. 그러나 먹을 것도 부족한 터라 소작료를 다 못 낸 농민이 태반이었어요. 화가 난 보이콧은 그해 9월 추수 무렵에 이런 명령을 내렸어요.

"소작료가 밀린 녀석들은 앞으로 땅을 빼앗고 쫓아 버리겠다!"

보이콧은 그야말로 바늘로 찔러도 피 한 방울 안 나올 악독한 지주였어요. 이 소식이 전해지자 농민들은 술렁대기 시작했어요.

토지 동맹의 지도자인 찰스 스튜어트 파넬은 다음과 같은 지시를 내렸어요.

"소작료를 깎아 주지 않는 지주에겐 폭력을 쓰지 말고, 대신 일손을 놓고 어떤 접촉도 하지 마시오. 모두 가을 추수를 거부하시오!"

보이콧은 순간 당황했지만, 다른 지역에서 일꾼을 데려와 군인들의 호위를 받으며 겨우 추수를 마칠 수 있었어요.

그러나 보이콧은 전체 소작인들로부터 따돌림을 당하여 결국 영지에서 쫓겨나고 말았지요. 소문은 순식간에 독일, 프랑스에까지 퍼졌고, 아예 '보이콧'이란 말이 생겼다고 해요.

보이콧은 어떤 대상을 고립시키기 위해 여럿이 같이 뭉쳐 배척할 때 쓰는 말이에요. 이를테면, 노동자가 단결해서 고용주의 부당한 횡포에 대항하는 행동, 소비자가 단결해서 어떤 상품을 사지 않는 불매 운동, 국제 질서를 어지럽힌 나라에 대해 주변 국가들이 손잡고 항의 표시를 하는 것 등을 가리키지요.

메이데이

노동자의 노고를 위로하고
사기를 북돋워 주기 위해서 정한 날. 5월 1일이다.

5월 1일은 '메이데이(May Day)'라고 부르는 국제 노동자의 날이에요. 메이데이가 국제 노동절이 된 것은 1886년 5월 1일 미국 각지에서 노동자가 시위행진을 한 데서 비롯해요.

당시 자본주의가 눈부신 발전을 거듭하고 있었지만, 이러한 발전 뒤에는 수많은 노동자의 희생이 뒤따랐어요. 노동자들의 생활은 비참하기 이를 데 없었어요. 임금이 아주 낮았고, 사는 곳도 형편없었어요. 대부분 허름한 판잣집이나 다락방에서 살았지요.

더욱이 노동자들을 괴롭힌 것은 장시간의 노동이었어요. 매일 이른 새벽부터 밤늦게까지 일했기 때문에 잠자는 시간도 부족했어요.

당시 몇몇 공장에서는 하루 노동 시간이 14시간에서 18시간이나 되었다고 해요.

당연히 노동자들 사이에서는 불만이 터져 나왔어요.

"공장주는 우리 노동자들을 마치 기계처럼 여기고 있어. 우리를 실컷 부려 먹을 대로 부려 먹고 늙어서 쓸모가 없으면 공장에서 내쫓을 거야."

"맞아, 우린 일하는 기계가 아니야. 인간다운 생활을 하기 위해선 8시간 노동제를 쟁취해야 해!"

드디어 노동자들은 인간다운 삶을 위해 뭉치기 시작했어요. 그리하여 1884년 5월 1일 미국의 방직 노동자가 8시간 노동제를 요구하며 파업을 시작하자 다른 노동조합들도 발맞춰 동반 파업에 들어갔지요.

이어 1886년 5월 1일 시카고의 노동조합 연합회는 8시간 노동제를 요구하는 대대적인 총파업을 벌였어요. 이 과정에서 수많은 노동자가 죽거나 부상당하고 체포되었어요. 이때 터진 일명 '헤이마켓 사건'으로 인해 당시 노동운동 지도자 여러 명이 처형되기도 했어요.

그 후 1889년 파리에서 열린 제2차 인터내셔널 창립 대회(국제 사회주의자 대회)에서 미국 노동자들의 시위를 기념해 5월 1일을 국제적

인 노동자의 날로 정했어요. 이듬해인 1890년에는 미국과 유럽의 각 도시에서 최초의 국제적인 '메이데이' 행사가 거행되었어요.

우리나라도 일제 강점기 때부터 노동조합을 중심으로 메이데이 행사를 치러 왔으나 실질적인 노동자의 날이 되지 못한 채 흐지부지되었어요. 그러다가 1980년 이후 노동운동이 급격히 활성화되면서 의미를 가지게 되었지요. 그 후 '근로자의 날'이라고 부르며, 1994년부터 5월 1일을 노동자들의 노고를 위로하기 위한 휴일로 정했답니다.

마지노선

더 이상 양보할 수 없거나
물러설 수 없는 최후의 방어선.

제1차 세계 대전이 끝난 뒤의 이야기예요. 전쟁 당시 독일의 침공을 받았던 프랑스는 늘 불안했어요. 독일이 언제 다시 쳐들어올지 모르기 때문이었지요.

프랑스의 군인 마지노는 다음과 같은 주장을 폈어요.

"독일이 언제 또다시 프랑스를 공격할지 모릅니다. 하루빨리 방어 대책을 세우지 않으면 우린 또 당하게 됩니다. 독일과의 국경선에 튼튼한 요새를 세워 감히 우리 프랑스를 넘보지 못하게 해야 합니다."

그러던 중 1929년 마지노는 육군 장관에 임명되었어요. 그러자 그동안 자신이 거듭 주장해 왔던 방어벽 구축 계획을 실행에 옮겼어요.

'어서 작업을 서둘러야 해! 지난 제1차 세계 대전 때 독일군 포병대의 공격을 막아 낼 수 있었던 건 요새 덕분이지. 방어용 장벽을 잘 쌓으면 수많은 군인이 국경을 지키는 것보다 더 큰 몫을 할 거야.'

그는 먼저 군대를 개편하고, 곧이어 국경선에 견고한 요새를 쌓기 시작했어요. 이를 건설하는 데만도 200억 프랑(당시 프랑스의 화폐 단위)이라는 막대한 비용을 쏟아부었어요.

"모든 주요 시설이나 기능을 안전한 지하에 건설하라! 그러면 독일군이 아무리 대포를 쏘아도 우린 끄떡없을 것이다."

마지노의 명령에 따라 주거 시설이나 보급품 창고 등 거의 모든 시설이 지하에 만들어지고, 지하 도로망까지 갖춰졌어요. 이 도로망을 따라 생긴 지하철은 땅속 깊은 곳에 마련된 방어선의 여러 구역에 보급품을 실어 나르는 역할을 했어요.

게다가 콘크리트 벽은 그때까지 알려진 어떤 성벽보다 두꺼웠고, 여기 설치한 대포는 모두 중대형이었어요. 그야말로 난공불락(공격하기 어려워 좀처럼 함락되지 않음)의 요새를 만든 거지요.

요새가 완성되자 사람들은 이 방어벽의 창안자인 마지노의 이름을 따 '마지노선'이라고 불렀어요.

"와아, 굉장하다! 이제 우리 프랑스는 안심이야!"

"맞아, 이젠 독일군이 아니라 독일군 할아버지가 쳐들어와도 끄떡없을 거야."

프랑스 국민들은 모두 기뻐했어요. 그 방어벽이 자신들을 지켜 줄 거라고 굳게 믿었거든요.

그런데 불행히도 이 방어선은 프랑스와 독일의 국경에만 건설되었고, 프랑스와 벨기에의 국경에는 없었어요. 그래서 제2차 세계 대전 때 독일군은 이 방어선을 돌아 벨기에를 침공하고, 벨기에를 가로질러 프랑스로 쳐들어갔지요. 튼튼한 마지노선을 정면으로 돌파하지 않고, 요새의 뒤쪽으로 돌아 들어온 거지요. 이렇게 해서 프랑스가 믿고 믿었던 마지노선은 뚫리고 말았어요.

마지노선은 여기서 생겨난 말이에요. 더 이상 양보할 수 없거나 물러설 수 없는 최후의 방어선을 뜻하지요. 예를 들어 회사의 노사 간 협상에서 한쪽이 "여기가 마지노선이다."라고 한다면 그 이상의 양보와 타협은 불가능하다는 뜻이랍니다.

디데이

군사 작전상의 공격 예정일 또는 어떤 계획을 실시할 예정일.

"우리 반은 공부에선 늘 꼴찌다. 하지만······."

돌풍이네 반 담임 선생님은 종례 시간이 되자 아이들을 불러 놓고 일장 연설을 하고 있었어요.

"하지만 운동에서만큼은 1등이 되어야 한다. 앞으로 반 대항 체육 대회가 한 달 정도 남았다. 지금부터 준비하면 반드시 우리 반이 1등 할 수 있을 것이다. 자, 우리 반의 승리를 위해 선수로 뛸 사람은 자발적으로 손을 들어라!"

선생님의 말이 끝나자 돌풍이가 제일 먼저 손을 들었어요.

"음, 돌풍이······ 좋았어! 또 나갈 사람?"

뒤이어 아이들이 하나둘 손을 들었어요. 선수단이 꾸려지자 선생님은 나머지 아이들을 집으로 돌려보냈어요.

"자, 선수단은 모두 운동복으로 갈아입고 운동장에 모여라!"

아이들이 운동장에 줄지어 모이자 이윽고 선생님이 지휘봉을 들고 군사령관처럼 명령을 내렸어요.

"여러분은 우리 반의 대표다. 우리 반의 명예를 위해서 어떤 혹독한 훈련도 이겨 내야 한다. 자, 오늘부터 한 달 동안 D-30일 작전에 들어간다. 매일 운동장 스무 바퀴를 돌고 윗몸 일으키기 50회, 턱걸이 30회, 그리고 줄넘기 2천 번씩 한다. 알겠나?"

선생님의 말이 끝나자 돌풍이는 금방 후회되었어요.

'에고, 괜히 손 들었네. 이제 난 죽었구나!'

아이들이 이런 생각을 하며 한눈을 팔고 있을 때 선생님의 불호령이 떨어졌어요.

"지금 무슨 생각들을 하고 있나! 디데이가 바로 코앞인데! 자, 모두 뛰어!"

'디데이(D-day)'는 군사 작전상의 공격 예정일을 말해요. 군사 작전에서는 공격 예정일이 잡히면 달력상의 날짜는 별 의미가 없어요. 대신 이 디데이가 모든 군사 작전을 짜는 데 하나의 기준이 되지요.

그래서 이 날짜를 중심으로 그 이전에는 마이너스(-), 그 이후로는 플러스(+) 기호를 D의 뒤에 숫자와 함께 써서 나타내지요. 즉 공격 하루 전은 'D-1', 공격 3일 뒤는 'D+3'으로 표시합니다.

역사적으로 디데이는 제2차 세계 대전 당시인 1944년 6월 6일을 가리켜요. 연합군의 노르망디 상륙 작전이 있던 날이지요. 이날의 작전은 당시 전 유럽을 점령하고 있던 독일군을 향한 대반격의 신호

탄이 되었어요.

　당시 미국의 아이젠하워 장군은 전세가 연합군 쪽으로 기울자 육해공군 합동으로 프랑스 북부 해안 노르망디에 상륙 작전을 감행했어요. 마침내 작전이 성공해서 독일을 물리쳤고, 전쟁은 막을 내렸지요.

　디데이는 군사 작전에서 나온 말이지만 요즘은 쓰임새가 다양하지요. '대통령 선거 D-5일' 또는 '월드컵 D-100일'처럼 말이에요.

만우절

가벼운 거짓말로 서로 속이면서 즐거워하는 날. 4월 1일이다.

삐뽀 삐뽀 삐뽀…….

돌풍이 아빠는 무심코 창밖을 내다보다가 깜짝 놀랐어요.

'으응? 119 구조대가 우리 골목에 웬일이지. 어디서 사고가 났나?'

돌풍이 아빠는 헐레벌떡 골목으로 뛰어나왔어요.

"어디야, 어디? 이 집인가?"

"맞아, 그 집이야!"

119 구조 대원들은 주소를 들고 허둥대더니 돌풍이네 집으로 막 들어가려고 했어요. 돌풍이 아빠는 깜짝 놀라 손으로 가로막았어요.

"거긴 우리 집인데, 왜 그러시죠?"

"아, 신고가 들어왔습니다. 이 집에 2층에서 떨어져 다리가 부러진 사람이 있다고 하던데요."

"네?"

돌풍이 아빠는 눈이 휘둥그레졌어요.

"무슨 영문인지 모르겠네요. 그런 사람 없는데……."

이때 돌풍이가 2층에서 킥킥거리며 재미있다는 듯이 이쪽을 쳐다보고 있었어요. 그제야 아빠는 눈치를 챘어요.

"에구, 저 말썽꾸러기 녀석! 또 문제를 일으켰구나."

아빠는 당장 2층으로 뛰어 올라가 돌풍이를 불러 세웠어요.

"네 녀석 짓이지?"

"그게…… 저……. 네, 맞아요."

돌풍이는 다 기어들어 가는 목소리로 말했어요.

"이 녀석, 이게 도대체 무슨 짓이야?"

"오늘이 만우절이라 재미 삼아 거짓말을 해 본 건데……."

"그렇다고 남에게 피해를 주는 거짓말을 하면 어떡하니? 만우절의 참뜻은 남에게 해가 되지 않는 거짓말을 통해 생활에 웃음과 여유를 갖자는 데 있는 거야. 자, 구조 대원 아저씨들에게 잘못했다고 용서를 구하거라."

돌풍이는 뒷머리를 긁적이며 미안한 표정을 지었어요.

"아저씨, 죄송합니다."

"그래, 다신 그러면 안 돼! 장난으로 발생한 피해가 얼마나 큰지 모른단다. 알겠니?"

구조 대원들은 돌풍이를 좋은 말로 타이르고 돌아갔지요.

만우절은 언제 어떻게 해서 생겨난 것일까요?

옛날 유럽에서는 지금의 3월 25일을 새해로 정하고 4월 1일까지 축제를 즐겼어요. 축제 마지막 날에는 친한 사람들끼리 선물을 주고받았지요. 나중에 1월 1일을 새해 첫날로 정했지만, 일반 국민들 사이에서는 옛날처럼 4월 1일에 선물을 교환하는 경우가 많았어요. **매년 4월 1일에 사람들은 엉터리 선물을 주거나 잔치를 벌여 장난을 치며 즐겼지요. 이런 풍습이 차츰 세계 도처로 퍼져 나가 악의 없는 장난이나 거짓말로 사람을 속이는 만우절이 되었답니다.**

카리스마

사람을 매우 강하게 끌어당기는
능력이나 자질 등의 인격적 특성을 가리키는 말.

웅성웅성…… 재잘재잘…….

아이들은 수업 시간임에도 아랑곳하지 않고 한없이 재잘거렸어요. 칠판에 글씨를 쓰고 있던 영어 선생님은 더 이상 못 참겠다는 듯이 꽥 소리를 질렀어요.

"너희 조용히 안 할 거니?"

하지만 아이들은 못 들은 척 여전히 소란을 떨었어요. 짓궂은 아이들은 선생님을 골탕 먹이려고 다른 때보다 더 시끄럽게 굴었어요.

영어 선생님은 아이들이 말을 듣지 않자 속상한 마음에 눈물이 핑 돌 지경이었어요.

"회장, 일어나 봐! 이런 분위기에서 어떻게 수업을 하겠니?"

그러자 회장은 뒤돌아서 도끼눈을 뜨고 아이들을 한번 쓰윽 훑어 보았어요.

"조용히 안 할래!"

회장의 낮고 위엄 있는 목소리가 울리자 교실은 거짓말처럼 조용해졌어요. 이에 선생님은 당황한 얼굴로 한마디 던졌어요.

"회장이 나보다 더 카리스마가 있구나."

카리스마라는 말을 많이 들어 봤을 거예요. 일반적으로 사람을 끌어당기는 힘을 가진 사람에게 카리스마가 있다고 말하지요. 하지만 엄밀하게 말하면 예수나 나폴레옹처럼 비범한 인물들만이 카리스마적 인물이라고 할 수 있어요.

카리스마의 사전적 의미는 '추종자들이 믿는 지도자의 경외로운 속성이나 마력적 힘 또는 사람을 매우 강하게 끌어당기는 인격적 특성'이에요.

이 말은 본래 크리스트교의 용어인데, '성령의 특별한 은총'을 뜻하는 그리스어인 'Khárisma'에서 유래했지요. 신약 성서에서는 다시 거두어 가지 않는 '하느님의 선물 전체' 또는 예수 그리스도가 인간에게 거저 베푸는 '은총의 선물'을 뜻하기도 해요.

이 말은 독일의 사회학자 막스 베버에 의해서 널리 쓰이게 되었어요. 그는 카리스마의 원뜻을 확대해서 학술 용어로 만들었어요. 그가 제시한 지배의 유형 중 하나가 카리스마적 지배예요. 카리스마적 지배란, 보통 사람과는 다른 초자연적이면서 초인간적인 재능이나 힘을 지닌 인간을 중심으로 한 지배와 복종의 관계를 뜻하지요.

카리스마적 지배는 법률이나 관습에 따른 지배와 달리 어디까지

나 카리스마적 인간에 대한 절대적 믿음에 바탕을 두고 있어요. 추종자들은 카리스마적 지배자의 권위에 절대적으로 따르며, 그의 말을 곧 진리이자 법률로 믿는 경우가 많지요.

카리스마적 인물은 나라가 혼란에 빠졌을 때 강력한 지도력으로 질서를 바로잡기도 하지만, 히틀러 같은 독재자가 되면 큰 재앙을 몰고 오기도 한답니다.

다크호스

아직 잘 알려지지 않았으나
뜻밖의 변수로 작용할 수 있는 유력한 경쟁자.

"아빠, 7번 말에 걸어요."

"아니야, 7번은 꼴찌일 거야. 이번에 처음 경기를 하는 말이라 실력을 알 수가 없어."

돌풍이는 아빠와 함께 경마장을 찾았어요. 엄마가 안 된다고 했지만 아빠를 졸라서 겨우 따라나선 거예요.

"그래도 7번 말이 더 멋지고 잘 뛸 것 같은데……."

"잠자코 있어. 다들 3번이 우승할 거라고 점찍던데…… 우리도 3번에 걸자."

돌풍이는 한동안 망설이다 고개를 끄덕였어요.

"좋아요. 그럼, 우리도 3번 말에 걸어요."

드디어 탕, 하는 총소리와 함께 말들이 달리기 시작했어요. 2번과 3번이 앞서 달리고, 그 뒤를 5번과 7번이 뒤쫓았어요.

"와와, 달려라! 2번이 최고다!"

"야호, 3번 이겨라!"

관중은 저마다 자기가 점찍은 말들을 응원했어요. 경마장 안은 관중의 함성으로 가득 찼어요. 돌풍이도 아빠와 목이 터져라 신나게 소리를 질렀어요.

한동안 2번 말과 앞서거니 뒤서거니 달리던 3번 말이 앞으로 쭉 나와 힘차게 달리기 시작했어요.

"야호, 3번 이겨라!"

돌풍이는 두 손을 번쩍 들고 일어섰어요. 잘하면 3번 말이 우승할 수도 있을 것 같았어요.

"와와, 잘한다!"

그런데 마지막 한 바퀴를 남겨 뒀을 때였어요. 뒤처져 있던 7번 말이 불쑥 앞으로 뛰어나오더니 3번 말을 바짝 뒤쫓기 시작했어요.

"어어?"

응원에 열을 올리던 사람들은 갑자기 말을 잃고 눈만 똥그랗게 떨어요.

　이윽고 커브를 돌 때 7번 말은 3번 말을 따돌리고 선두로 나섰어요. 눈 깜짝할 사이였어요.

　"아니, 이럴 수가!"

　결국 예상치 못한 결과가 나왔어요.

　"에이, 아빠! 7번이 이겼잖아요. 제 말대로 했으면……."

　돌풍이는 몹시 아쉬워했어요.

　"3번이 이길 줄 알았는데, 7번이 다크호스였구먼."

　아빠는 멋쩍은 얼굴로 중얼거렸어요.

'다크호스'는 어둠이라는 뜻의 다크(dark)와 말이란 뜻의 호스(horse)가 합쳐진 것으로, 경마에서 아직 실력이 알려지지 않았지만 의외의 결과를 가져올지도 모르는 말을 가리켜요. 즉 알려진 정보가 하나도 없어 실력을 가늠할 수 없는 말을 뜻하지요.

그런데 요즘은 경마에서뿐 아니라 선거에서 의외의 힘을 가진 새로운 후보자, 또는 운동 경기에서 뜻하지 않은 실력을 가진 경쟁 상대를 가리켜 '다크호스'라고 부르기도 한답니다.

지킬 박사와 하이드 씨

겉 다르고 속 다른 이중인격자를 비유적으로 이르는 말.

 텔레비전을 보던 아빠가 혀를 끌끌 차며 말했어요.
 "저런, 쯧쯧쯧……. 회사에선 모범 사원으로 알려진 사람이 회사 공금을 가로채 도박을 했다니……. 지킬 박사와 하이드 씨가 따로 없군."
 이때 돌풍이가 끼어들었어요.
 "아빠, 지킬 박사와 하이드 씨가 누구예요?"

"응, 겉 다르고 속 다른 이중인격자를 말하는 거야. 평소엔 인품이 훌륭한 지킬 박사로 지내다가 어떤 때는 흉악한 하이드 씨로 변하는, 한마디로 두 얼굴을 가진 사나이라고 할 수 있지."

"그럼, 우리 반 강민이 같은 애도 지킬 박사와 하이드 씨겠네요?"

"아니, 왜?"

"걔는요, 청소 시간에 뺀질뺀질 놀다가도 선생님이 오시면 열심히 하는 척하거든요."

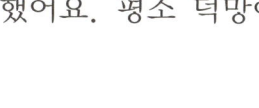

《지킬 박사와 하이드 씨》는 영국의 작가 로버트 루이스 스티븐슨의 작품이에요. 작가는 열병을 앓고 있을 때 꾸었던 꿈의 내용을 소설로 썼다고 해요.

과학자인 지킬 박사는 어느 날 선인과 악인 사이를 마음대로 넘나들 수 있는 약품을 발명했어요. 평소 덕망이 높은 지킬 박사지만, 이 약만 먹으면 극악무도한 하이드 씨로 변해서 오만 가지 추하고 끔찍한 일을 저질렀지요. 그러다 결국 선인으로 돌아가는 약품이 떨어지자 살인까지 저질러 비참한 최후를 맞는다는 이야기예요.

이 소설은 발표 당시 굉장한 인기를 얻었어요. 그래서 '지킬 박사와 하이드 씨'는 이중인격자를 나타내는 대명사처럼 쓰이게 되었지요.

부랑자와 고아들을 위해 맡긴 성금을 개인 호주머니에 챙긴 종교인을 비롯해서 어느 날 갑자기 강도로 둔갑한 경찰관, 밀수꾼 노릇을 한 무역 회사 사장 등 우리 주변에서도 '지킬 박사와 하이드 씨'를 심심찮게 볼 수 있답니다.

햄릿형 인간

지나치게 사려가 깊어서
결단이나 실행력이 약한 유형의 사람.

'햄릿형 인간'이란 말은 셰익스피어의 작품 속에 나오는 주인공 이름에서 따온 거예요. 셰익스피어는 영국 사람들이 식민지인 인도와도 바꾸지 않겠다고 할 만큼 자랑스럽게 여기는 영국의 대문호예요. 희곡 《햄릿》은 셰익스피어의 대표작이며, 그의 4대 비극 중에서도 최고로 꼽히는 작품이지요.

이 작품의 대사 중에는 오늘날에도 유명한 말이 많아요.

"약한 자여, 그대 이름은 여자로다!"

이는 덴마크의 왕자 햄릿이 아버지가 죽은 지 두 달 만에 숙부와 재혼한 어머니를 보고 절망하며 외친 말이에요.

그 뒤 햄릿은 죽은 아버지의 망령으로부터 숙부에게 살해당했다는 얘기를 전해 듣고 고민에 빠졌어요. 그는 원수를 갚겠다고 다짐하지만, 이를 행동에 옮기지 못한 채 괴로움에 몸부림치며 이렇게 털어놓지요.

"죽느냐 사느냐, 이것이 문제로다!"

《햄릿》을 읽어 보지 않은 사람도 한 번쯤 들어 봤음직한 아주 유명한 구절이에요. 이 말에서 햄릿의 우유부단한 성격을 엿볼 수 있어요.

생각이 깊은 사람일수록 어떤 일에 부딪히면 신중하게 행동해요. 이모저모 자로 재듯 궁리하고, 이익과 손해를 따져 쉽게 결단을 내리지 못하지요. 그러다 보면 일 처리가 늦어지거나 아예 생각만으로 끝날 수도 있어요. 지나치게 사려가 깊어 오히려 일을 그르치기 십상이지요.

이런 유형의 사람들을 통틀어서 '햄릿형 인간'이라고 하는데, 이는 햄릿의 우유부단한 성격에서 비롯한 말이지요. 햄릿은 내성적이며 결단력이 부족한 사람, 생각이 깊은 만큼 행동이 뒤따르지 못하는 사람, 그래서 일의 추진력이 떨어지는 사람의 전형이 되었답니다.

돈키호테형 인간

현실을 무시하고 신중하지 못하며 분별없이 저돌적으로 행동하는 유형의 사람.

"세르반테스가 누구야?"

"이런 바보!《돈키호테》작가잖아!"

"아! 돈키호테!"

'세르반테스' 하면 갸웃거리던 사람도 '돈키호테' 하면 고개를 끄덕일 거예요. 그만큼 돈키호테는 동서양에 걸쳐 어른 아이 할 것 없이 누구나 즐겨 읽는 이야기의 주인공으로 잘 알려져 있지요.

원래의 제목은《재치 있는 기사 돈키호테 라만차》이며, 줄거리는 다음과 같아요.

돈키호테는 본명이 '캐사더'로, 에스파냐 라만차 마을에 사는 귀족

출신의 늙고 가난한 지주예요. 우연히 '기사 이야기'를 읽다가 그 재미에 빠져서 즐기던 사냥도 농사일도 팽개친 채 밤낮없이 이야기에 파묻혔지요. 그러다 마침내는 정신이 이상해져서 스스로 이야기 속의 주인공이 된 것 같은 착각에 빠져들었어요.

이윽고 그는 세상의 악을 몰아내기 위해 모험을 떠났어요. 이름도 기사답게 '돈키호테 라만차'로 고쳤어요. 조상 대대로 내려오는 낡은 갑옷을 꺼내 입고, 늙고 초라한 말 로시난테에 올라탔지요.

"나는 악한 자를 무찌르고, 착하고 약한 자를 돕는 용감한 기사이다. 자, 나를 따를 자 없느냐?"

이 모험길에는 이웃의 농사꾼이자, 정직하지만 약간 바보스러운 산초 판사가 따라나섰어요. 어느 섬의 영주를 시켜 주겠다며 돈키호테가 산초를 꾄 것이지요.

돈키호테는 가는 곳마다 어처구니없는 실수를 저질러요. 돌아가는 풍차를 난폭한 거인으로 잘못 알고 달려들다가 상처를 입고, 양떼를 적군으로 잘못 알고 창을 휘두르기도 했어요. 또한 놋대야를 뒤집어쓴 이발사를 기사인 줄 착각하고 싸움을 걸기도 하지요.

그래서 사람들에게서 비웃음을 사고 봉변을 당하지만, 정작 돈키호테는 자신이 하는 행동이 얼마나 어리석고 사리에 어긋나는지 깨닫지 못해요. 오히려 자신이 정의를 불같이 사랑하고 옳은 일을 위해 목숨도 돌보지 않는, 고집스럽고 용감한 기사라는 환상에 젖어 있었으니까요.

돈키호테의 이러한 모습은 후세에 두고두고 흥미와 논란의 대상이 되었어요.

앞서 본 '햄릿형 인간'에 정반대되는 인간형이 바로 '돈키호테형 인간'이에요. 돈키호테처럼 물불 안 가리고 저돌적으로 덤비는 행동주의자를 가리키지요.

러시아의 작가 투르게네프는 '햄릿과 돈키호테'라는 강연에서 두 주인공의 성격을 비교했는데, 두 가지 인물형은 여기서 비롯했어요. 그는 "햄릿을 사랑하기는 힘들지만, 돈키호테를 사랑하지 않는 사람

은 없을 것이다."라고 해 돈키호테에 더 깊은 애정을 보였답니다.

　우리 주변에도 현대판 '햄릿'과 '돈키호테'를 얼마든지 볼 수 있어요. 여러분은 둘 중 어느 인간형에 가깝나요?

강태공

중국 주나라의 재상 '태공망'으로,
'낚시꾼'을 비유적으로 이르는 말.

옛날 중국 주나라의 문왕은 덕망이 높고 선정을 베풀어 신하와 백성들이 많이 따랐어요.

어느 날, 문왕이 사냥을 나가기 전 점쟁이를 불러 물었어요.

"오늘 사냥에서는 어떤 큰 짐승을 잡을 것 같소?"

점쟁이는 한참 운세를 보더니 고개를 갸웃거렸어요.

"오늘 점괘는 이상합니다."

옆에 있던 신하들이 깜짝 놀라 물었어요.

"이상하다니? 점괘가 불길하다는 거요?"

"그게 아니라 대왕께서 오늘 잡으실 것은 곰도 아니요, 호랑이도 아닙니다. 대왕을 도와줄 큰 신하를 만날 점괘입니다."

문왕은 희한한 점괘라 생각하며 사냥에 나섰어요. 한창 사냥을 즐기던 중 위수라는 강가에 이르렀어요. 그곳에는 수염이 허연 일흔의 노인이 낚싯대를 드리우고 있었어요.

문왕은 문득 점쟁이가 한 말이 생각나 노인에게 다가갔어요. 가만히 보니 노인은 어쩌다 고기가 바늘에 걸리면 다시 강에 놓아주고 있었어요. 이를 이상하게 여긴 문왕이 먼저 말을 붙였어요.

"여보시오, 노인장! 왜 애써 잡은 고기를 놓아주는 거요?"

"고기를 잡는 것이 아니니 놓아줄 수밖에요."

"아니, 낚싯대를 띄우면서 고기를 잡는 게 아니라니요?"

"허허허, 그저 세월을 낚고 있는 거지요."

노인의 뜻하지 않은 대답에 문왕은 눈을 크게 떴어요.

"그게 도대체 무슨 소리요?"

"어지러운 세상을 함께 구할 어진 왕을 기다리며 긴 시간 그저 세월을 낚고 있지요."

문왕은 그제야 그가 보통 인물이 아님을 깨닫고 간절히 청했어요.

"나는 주나라 문왕으로 어지러운 세상을 구하기 위해 널리 인재를 찾고 있소. 세상을 잘 다스릴 비책이 있으면 부디 알려 주오."

"허허허, 저 같은 시골 늙은이에게 어찌 그런 비책이 있겠습니까? 다른 분을 찾아보시지요."

노인이 점잖은 말로 거절하자 문왕이 다시 말했어요.

"선왕이신 태공께서 돌아가시기 전 내게 말하길, '후에 반드시 성인이 찾아와 그의 힘으로 주나라가 번성할 것이다.'라고 하셨는데 당신이 그 성인임에 틀림없소. 부디 사양하지 마시고 나를 도와주길 바라오."

그제야 노인은 낚싯대를 접고 문왕을 따라나섰어요.

문왕은 그를 궁궐로 데려갔고, '태공이 바라던 성인'이라는 뜻으로 '태공망'이라 불렀어요. 이 사람이 바로 주나라 문왕을 도와 백성들에게 어진 정치를 베푼 강태공이지요.

낚시광을 가리켜 '강태공'이라 일컫는 것은 강태공이 문왕을 만나기 전까지 늘 강가에서 낚싯대를 드리우고 있었다는 이야기에서 비롯한답니다.

맹모삼천지교

맹자의 어머니가 아들을 가르치기 위해서 세 번이나 이사했음을 이르는 말.

"이제 가면 언제 오나, 어~야……."

"북망산이 멀다더니 대문 밖이 북망일세, 어~야……."

맹자는 어려서 아버지를 여의고 어머니 손에서 자랐어요. 처음 맹자의 집은 공동묘지 근처였어요. 그래서 맹자는 또래 아이들과 매일같이 장사 지내는 흉내를 내면서 놀았어요.

"아니, 맹자야!"

맹자를 본 어머니는 깜짝 놀라 서둘러 집으로 데려왔어요.

"맹자야! 사내대장부로 태어났으면 큰 뜻을 품고 학문을 갈고닦아 이름난 학자가 되든지, 아니면 무예를 익혀 세상을 호령하는 장수가 되든지 해야지. 매일같이 장사 지내는 흉내나 내서 무엇에 쓰겠느냐?"

"어머니, 다음부터 그러지 않겠습니다."

하지만 다음 날에도 맹자는 아이들과 어울려 또 장례식 흉내를 내며 놀았어요.

'안 되겠어. 아무리 타일러도 말을 듣지 않으니 말이야.'

생각다 못해 어머니는 이사를 결심했어요. 새로 집을 옮긴 곳은 장터 부근이었어요.

"자, 여기로 오세요. 싸구려! 싸구려!"

"골라, 골라! 두 장에 천 원!"

장터 부근으로 이사 오자 맹자는 아이들과 어울려 장사꾼 흉내를 냈어요. 맹자 어머니는 이 모습을 보며 한숨을 쉬었어요.

'여기도 살 만한 곳이 못 되는구나.'

맹자 어머니는 한동안 곰곰이 생각한 끝에 서당 옆으로 이사를 갔어요. 그러자 맹자는 글방 학동들을 따라서 글을 읽기 시작했어요.

"하늘 천, 따 지, 검을 현, 누를 황……."

그제야 맹자 어머니는 마음을 놓을 수 있었어요.

'맹모삼천지교'는 맹자의 어머니가 아들 교육을 위해 집을 세 번이

나 옮겨 다녔다는 데서 비롯한 말이지요.

이 밖에도 '맹모단기지교'란 말도 있어요.

맹자가 어머니 곁을 떠나 멀리 공부를 하러 갔다가 오랜만에 집으로 돌아왔어요. 어머니가 베틀에 앉아 있는 것을 본 맹자는 반가운 마음을 금할 길이 없었어요.

"어머님, 제가 돌아왔습니다!"

그러나 맹자의 어머니는 힐끗 시선만 한 번 줄 뿐 여전히 베틀에 앉아 엄한 표정을 지었어요.

"그동안 공부가 얼마나 늘었느냐?"

"많이 늘지는 못했습니다."

맹자가 이렇게 대답하자 어머니는 대뜸 짜고 있던 베를 칼로 끊어 버렸어요. 공부를 채 마치기도 전에 돌아온 아들을 보고 화가 났기 때문이지요..

"보아라, 공부를 중도에 포기하면 마치 이렇게 길쌈하던 베를 한 순간에 잘라 버리는 것과 같으니라!"

맹자는 그 자리에 엎드려 사죄하고, 그길로 오로지 학문에만 몰두했어요. 어머니의 이 같은 엄격한 교육 덕분에 맹자는 훗날 공자에 버금가는 훌륭한 학자가 되었지요.

오십보백보

조금 낫고 못한 정도의 차이는 있으나
본질적으로는 차이가 없음을 이르는 말.

　중국 전국 시대 때의 이야기예요. 전국 시대란 중국 역사에서 진시황이 중국을 통일하기 전까지 여러 나라가 뒤엉켜 끊임없이 싸우던 시기를 말해요. 우리나라로 치면 신라가 삼국을 통일할 때까지 고구려, 백제, 신라가 서로 뒤엉켜 싸우던 시기라고 할 수 있지요.
　당시 위나라에는 혜왕이라는 임금이 있었어요. 그는 나라를 잘 다스려 백성들로부터 칭송받는 훌륭한 임금이 되고 싶었어요. 그러나 백성들은 혜왕을 칭송하기는커녕 불만으로 가득했어요.
　어느 날, 혜왕은 학식과 인품이 높은 맹자를 모셔다가 백성을 다스리는 일의 어려움에 대해 말했어요.

"나는 이웃 나라의 왕들보다 나라를 잘 다스리기 위해 훨씬 더 많은 힘을 쏟고 있소. 지난해 흉년 때도 굶주리는 백성들을 위해 많은 노력을 기울였소. 그런데도 백성들은 불만이 많고, 이웃 나라에 비해 백성이 더 늘지도 않으니 도대체 어찌 된 까닭이오?"

이에 맹자가 한참 뜸을 들이더니 말문을 열었어요.

"왕께서 좋아하시는 전쟁을 예로 들어 말씀드리겠습니다. 화살이

빗발치는 전쟁터에서 한 병사가 겁을 먹고 도망을 쳤습니다. 한 오십 보쯤 도망치다가 문득 앞을 보니 백 보쯤 도망친 병사가 있었습니다. 그러자 오십 보 도망간 병사가 백 보 도망간 병사를 보고 비겁한 놈이라고 비웃었습니다. 왕께서는 이를 어떻게 생각하십니까?"

혜왕은 별 싱거운 것을 다 묻는다는 듯이 대답했어요.

"오십 보든 백 보든 그게 무슨 차이가 있겠소. 어차피 도망가기는 다 마찬가지 아니오?"

그러자 맹자가 빙긋이 웃으며 말했어요.

"옳으신 말씀입니다. 왕께서는 나라를 잘 다스린다고는 하나 이웃 나라 왕들과 비교해 보면 오십 보와 백 보의 차이입니다."

이 말에 왕은 깜짝 놀랐어요.

"아니, 그게 무슨 말이오? 오십 보와 백 보 차이라니……. 그동안 내가 백성들을 얼마나 정성껏 돌보았는데 그런 섭섭한 말을 하는 거요!"

"지금 백성을 가장 괴롭히는 것은 전쟁입니다. 왕께서 아무리 백성을 잘 돌본다 한들 지금 도처에서 전쟁이 한창이기 때문에 모든 나라가 서로 비슷비슷합니다. 진정 백성을 위하신다면 즉시 전쟁을 중단하십시오. 그리고 흉년에만 백성을 돌보실 것이 아니라 평소에도 백성들의 생활을 어버이처럼 따뜻하게 보살피십시오. 그러면 틀림없이 백성이 늘고, 백성들로부터 어진 임금이라는 칭송을 들을 것입니다."

이 말을 들은 혜왕은 크게 깨달은 바가 있어 더욱 어진 정치를 베풀었다고 해요.

'오십보백보'란 여기서 비롯한 말로, 조그마한 차이는 있을지언정 본질적으로는 큰 차이가 없다는 뜻이에요.

모순

어떤 사실의 앞뒤 또는 두 사실이 이치상 어긋나서 서로 맞지 않음을 이르는 말.

중국 춘추 시대의 책 《한비자》에 다음과 같은 이야기가 나와요.

옛날 초나라에 창과 방패를 거리에 늘어놓고 파는 상인이 있었어요. 그는 지나가는 사람들을 향해 큰 소리로 외쳤어요.

"여기 이 방패는 보통 방패가 아닙니다. 고래 심줄보다도 질기고 거북 등껍질보다도 단단한 이 방패로 말할 것 같으면 세상의 그 어떤 날카로운 창도 막아 낼 수 있어요. 자, 그렇게 구경만 하지 말고 한 번 사서 써 보세요!"

지나가던 사람들은 그의 말에 귀가 솔깃해서 모여들었어요. 당시는 전쟁이 끊이지 않던 시대라 사람들이 무기에 관심이 많았지요.

상인은 사람들이 모이자 신이 나서 더 큰 소리로 말했어요.

"이 방패를 뚫는 창이 있으면 나와 보라고 해요. 자, 일단 한번 사서 써 보세요. 써 보면 압니다. 이 방패가 얼마나 단단한지……. 아무리 좋은 창도 이 방패는 못 뚫어요!"

주위에 모인 사람들은 방패를 만지작거리며 놀라워했어요.

그런데 상인이 이번에는 창을 번쩍 들더니 이렇게 자랑하는 것이었어요.

"이 창도 보통 창이 아니에요. 시장표 싸구려 창과는 질이 달라요. 이래 봬도 물 건너 수출만 하던 창인데, 이번에 많이 만들어 놔서 싸게 파는 거예요."

주위에는 사람이 점점 더 많이 늘었어요. 상인은 더욱 신이 나서 소리쳤지요.

"자, 애들은 가! 애들은 만지면 안 되는 위험한 물건이란다. 철없는 어른들도 함부로 쓰면 사람 다칩니다. 자, 오세요, 와! 어두운 밤길 걸을 때 치한이 두려운 아가씨들, 이것만 가지고 다녀 보세요! 밤길 하나도 안 무서울걸요."

상인은 한껏 목청을 높여 말했어요.

"이 창으로 말할 것 같으면 그 어떤 단단한 방패라도 단번에 뚫어 버려요! 날이면 날마다 오는 장사가 아녜요. 자, 구경만 하지 말고 하나씩 골라요, 골라!"

상인이 창을 선전하느라 한창 열을 올리고 있을 때 군중 속에서 한 사람이 불쑥 나섰어요.

"여보시오, 어떤 것으로도 뚫리지 않는 방패와 무엇이든 뚫어 버리는 창이라니, 그게 말이나 되는 소리요? 그럼, 당신이 가지고 있는

창으로 당신이 가지고 있는 방패를 찌르면 어떻게 되는 거요?"

그러자 상인은 꿀 먹은 벙어리처럼 아무 말도 하지 못했지요.

이처럼 '모순'은 말이나 행동이 앞뒤가 서로 맞지 않는 것을 가리켜요. 창을 뜻하는 한자인 '모(矛)'와 방패를 뜻하는 한자인 '순(盾)'이 합해져서 생긴 말이지요. 우리도 이 상인처럼 모순된 말과 행동을 한 적은 없는지 한번 곰곰이 생각해 볼까요?

사족

'뱀의 발'이라는 뜻으로, 쓸데없는 짓을 해서
도리어 일을 그르치게 됨을 이르는 말.

"삼촌, 뱀에게도 발이 있어요?"

"이 녀석아, 뱀에 무슨 발이 있어!"

"그럼, 사족이란 말은 뭐예요?"

"그건…… 뱀의 발이라는 뜻이지."

"에이, 삼촌은 엉터리! 뱀에는 발이 없다면서요?"

돌풍이의 갑작스러운 질문에 삼촌은 당황했어요. 뒤통수를 한 대 얻어맞은 기분이었지요.

"하, 이 녀석이 삼촌을 궁지로 몰아넣고 있네."

삼촌은 난감한 표정을 짓더니 다시 말을 이었어요.

"사족은 그대로 풀면 뱀의 발이지만, 그 속뜻은 쓸데없이 엉뚱한 말이나 행동을 하다 낭패를 본다는 거야."

"왜 그런 뜻이 생겼어요?"

돌풍이의 질문이 계속되자 삼촌은 이야기를 시작했어요.

"잘 들어 봐! 옛날 중국 초나라 때 어느 집에서 잔치가 벌어졌는데, 마침 손님들 상에 귀한 술이 한 병 나왔대. 손님이 여러 명이라 한 병을 나눠 마시자니 술이 턱없이 부족했지. 그래서 땅바닥에 뱀을 그리되, 제일 먼저 그린 사람이 혼자 마시기로 했어. 술은 적고 사람은 많으니 어쩔 수 없었던 거지."

"나도 뱀은 잘 그리는데……."

"조용히 하고 들어 봐. 그래서 사람들은 내기를 시작했지. 손님들 중에 가장 그림 솜씨가 뛰어난 사람이 제일 빨리 뱀을 그렸어. 그런데 주위를 살펴보니 다른 사람들은 이제 반도 그리지 못했던 거야. 그래서 이 사람은 자기 솜씨를 뽐내고 싶어 네 개의 발을 더 그려 넣었지."

"히히, 그 사람 정말 엉뚱하네요."

"계속 들어 봐. 그러고 나서 그 사람은 어깨에 힘을 주고 그림을 쳐들었어. '이제 술은 내 것이오.' 하면서 말이야. 그 사람이 술병을 따고 막 마시려고 할 때, 두 번째로 빨리 그린 사람이 달려와 술병을 가로챘어. 그러고는 말했지."

"뭐라고요?"

"'아니, 이게 무슨 뱀의 그림이오? 뱀한테 발이 어디 있소. 이건 뱀 그림이 아니니 술병은 내 거요.' 하고 말했어. 결국 그는 찍소리 못 하고 술병을 빼앗겼지. 사람들의 웃음거리가 된 건 물론이고. 그러

니까 쓸데없는 짓 하는 사람을 가리켜 사족을 단다고 하는 거야."

"삼촌, 그 사람 정말 멍청하네요. 히히히."

돌풍이가 낄낄대며 웃자 삼촌이 한마디 했어요.

"이 녀석, 제가 한 일은 모르고……. 지난번에 너 과학 숙제한 거 보니까 개구리 꼬리를 그렸던데 뭐. 으이구, 그래 놓고도 웃음이 나오냐?"

순간 돌풍이는 뜨끔했어요. 사족에 대한 얘기를 들으면서 자기가 사족을 달았던 사실을 깨닫지 못했던 거지요.

백년하청

황허강의 물이 맑아지기를 기다린다는 뜻으로, 아무리 오랜 시일이 지나도 어떤 일이 이루어지기 어려움을 이르는 말.

옛날 중국의 정나라는 국력이 몹시 약했어요. 북으로는 진나라에, 남으로는 초나라에 수시로 공격을 당했지요. 오른쪽 뺨을 맞아 왼쪽으로 돌리면 또 왼쪽 뺨을 맞는 형편이었어요.

그 무렵 정나라가 채나라를 침공해서 그곳의 왕자를 포로로 잡았어요. 당시 채나라는 초나라의 속국이었기 때문에 초나라가 정나라를 공격했지요.

정나라는 큰 혼란에 빠졌어요. 정나라의 지도자들은 긴급히 회의를 열었어요.

"지금 우리는 몹시 위태로운 상태에 빠져 있소. 우린 약소국이라

결코 초나라를 당해 낼 수 없소. 그러니 하루빨리 항복을 하는 것이 현명할 것이오. 우리가 살 수 있는 길은 속히 공물을 준비해서 초나라를 맞이하는 것뿐이오."

반면 진나라에 구원을 청하자는 의견도 나왔어요.

"우리 정나라는 대국인 진나라를 지금까지 섬겨 왔소. 약소국일수록 신의가 없으면 당장 망하는 법이오. 지난날 우리는 진나라와 다섯 번이나 동맹을 맺었던 만큼 이제 와서 그 신의를 저버린다면 스스로 무덤을 파는 꼴이 될 것이오. 우리가 진을 등지게 되면 결국 초나라가 우리를 속국으로 삼을 것이오. 지금 즉시 진나라에 구원을 청하고, 구원병이 올 때까지 버텨야 하오. 초나라의 군대는 멀리서 오느라 몹시 지쳐 있고 머지않아 식량도 떨어질 것이오. 그러니 우리는 굳게 성을 지키면서 진의 구원을 끝까지 기다려야 하오."

그러자 항복론을 펴는 측의 신하가 다시 이렇게 맞받았어요.

"옛말에 '백년하청'이란 말이 있소. 다시 말해 백 년도 안 되는 짧은 사람의 목숨으로는 황허강의 강물이 맑아지기를 도저히 기다릴 수 없다는 뜻이오. 지금 진나라의 구원을 기다린다는 것은 마치 황허강의 흐린 물이 맑아지기를 기다리는 꼴이오. 그러니 어서 항복해서 백성들의 고통을 덜어 주는 편이 좋을 것이오."

　이 말을 들은 정나라 왕은 곧 초나라에 항복하고 화친을 맺었어요. 《좌전》이란 책에 나와 있는 이 이야기는 약소국의 설움을 잘 나타내지요.

　양쯔강과 함께 중국에서 제일 큰 강인 황허강은 언제나 누런빛을 띠고 있어서 누를 황(黃) 자, 강 하(河) 자를 써서 황하(중국어 발음은 '황허')라는 이름이 붙었어요. **'백년하청'이란 황허강은 항상 흐려 맑을**

때가 없다는 데서 비롯한 말로, 아무리 기다려도 일이 이뤄지지 않음을 뜻해요.

어떤 일이 곧 된다고 해 놓고는 며칠이 지나고 몇 달이 지나도록 소식이 없을 때도 '백년하청'이란 표현을 쓴답니다.

사면초가

아무에게도 도움을 받지 못하는,
외롭고 곤란한 지경에 빠진 형편을 이르는 말.

중국 초나라의 항우와 한나라의 유방이 천하를 다투고 있을 때의 이야기예요.

초패왕 항우를 두고 흔히 '역발산기개세'라 말하곤 해요. 즉, 힘은 산을 뽑을 만하고 기세는 세상을 덮을 만하다는 뜻이지요. 그런 항우도 어느덧 운이 다해서 싸움에 패하고 쫓기는 신세가 되었어요.

"항우를 잡아라!"

항우는 여러 날을 쫓기다가 결국 회하라는 지역에서 유방이 이끄는 한나라 군사들에게 완전히 포위되고 말았어요.

"이제 적들은 독 안에 든 쥐다. 총공격하라!"

한나라 군사들은 맹렬한 기세로 공격을 퍼부었어요. 하지만 싸움은 쉽게 끝나지 않았어요. 비록 항우를 궁지에 몰아넣긴 했지만, 워낙 용맹했기 때문에 쉽게 굴복시킬 수가 없었던 거지요.

싸움이 오래 계속되자 한나라 최고의 지략가인 장량이 유방에게 말했어요.

"항우가 힘을 잃긴 했지만 절대 얕잡아 볼 인물이 아닙니다. 무조건 공격만 할 것이 아니라 작전을 달리해야겠습니다."

"무슨 좋은 계략이라도 있소?"

"지금 초나라 병사들은 오랜 싸움에 지쳐 있고, 멀리 있는 가족과 고향을 그리워하고 있습니다. 이럴 때 초나라의 노래를 밤마다 들려주면 초나라 병사들이 그 구슬픈 곡조를 듣고 고향 생각에 젖어 사기가 크게 떨어질 것입니다."

"음, 그것 참 좋은 생각이오!"

그날 밤부터 매일같이 초나라의 노랫소리가 사방에 울려 퍼졌어요. 어느 날, 이 소리를 들은 항우는 크게 놀라며 군사들에게 물었어요.

"아니, 이게 도대체 누가 부르는 노래냐?"

"한나라가 계략을 쓴 듯합니다. 한나라에 투항한 우리 초나라 병사들을 시켜서 노래를 부르게 하고 있습니다."

항우는 하늘을 우러러 탄식했어요.
  '아, 한나라에 투항한 초나라 병사가 저렇게 많단 말인가! 저 소리에 또 우리 병사들의 마음이 흔들리겠지. 저 구슬픈 노랫소리가 백만 대군보다 더 무섭구나.'
  초나라 군사들은 오랜 싸움에 지친 터라 노래를 듣자 온몸에 힘이 쭉 빠졌어요. 모두가 고향 생각에 눈물을 주르르 흘렸어요.
  '아, 고향에 두고 온 아내와 자식들이 보고 싶구나. 늙은 부모님은 잘 계시는지…… 흐흐흑…….'

초나라 군사들은 싸울 의욕을 잃어버린 채 하나둘씩 도망치기 시작했어요. 결국 항우는 이 싸움에서 크게 패하고 마지막까지 쫓기다 스스로 목숨을 끊고 말았지요.

'사면초가'란 사방에 초나라의 노래가 가득하다는 뜻으로, 주위에 온통 자기를 노리는 사람이 들끓고 있을 때 쓰는 말이에요.

배수진

어떤 일을 성취하기 위해서
더 이상 물러설 수 없음을 이르는 말.

"작전 타임!"

돌풍이네 담임 선생님이 보다 못해 작전 시간을 외쳤어요.

"이대로 가다간 우리 반이 지겠다. 여기서 지면 결승 진출은 물 건너가는 거야. 모두 배수진을 친다는 각오로 힘껏 뛰기를 바란다!"

선생님은 선수들을 격려한 뒤 운동장에 내보냈어요. 선수들은 한마음 한뜻이 되어 젖 먹던 힘까지 다해 싸운 결과 마침내 경기를 승리로 이끌었지요.

"와아, 이겼다! 결승 진출이다!"

돌풍이네 반 아이들은 서로 얼싸안고 기뻐했어요. 담임 선생님도 아이들의 승리를 칭찬해 주었어요.

"정말 잘 싸웠어. 너희가 배수진을 치고 싸웠기 때문에 좋은 결과를 얻은 거야. 이다음 결승전에서도 그런 각오로 싸운다면 우리 반이 우승할 수 있을 거야."

이때 돌풍이가 손을 번쩍 들었어요.

"선생님, 아까부터 배수진을 치라고 말씀하시는데, 그게 무슨 뜻이에요?"

"아, 배수진이라는 말이 어려웠구나. 잘 들어 봐. 옛날 중국 한나라에 한신이란 사람이 있었지. 그는 초나라의 항우와 싸우던 유명한 장군이야. 한번은 제대로 훈련을 받지도 못한 군사를 거느리고 엄청난 대군에 맞서 싸우게 되었어. 그때 한신의 군사들은 큰 강물 바로 앞에 진을 쳤어. 이건 커다란 모험이었지. 병법에서는 배수진, 다시 말해 강을 등지고 싸워서는 절대로 안 된다고 가르치거든."

"왜요?"

"왜냐하면 후퇴할 수가 없기 때문이지. 그런데 한신은 병법을 거스르고 강물을 등진 채 싸워서 오히려 열 배도 넘는 적을 무찔러 버렸던 거야. 싸움이 끝난 뒤 부하 장수들은 한신에게 물었어.

'병법에는 강을 등지고 싸우지 말라 했는데, 장군께서는 그 말을

거스르고 싸운 결과 큰 승리를 거두었으니 어찌 된 노릇입니까?'

그러자 한신이 크게 웃으며 대답했지.

'자네들은 하나만 알고 둘은 모르는 친구들일세. 우리 군사들은 훈련도 제대로 받지 못한 사람들로 이뤄졌네. 그래서 원래의 병법대로 싸웠다면 서로 먼저 도망치기에 바빴을 걸세. 그런데 뒤에 강이 있으니 도망쳐 봤자 물에 빠져 죽을 터, 살아야겠다는 생각에 죽기 살

기로 싸울 것이 아니겠나. 병서에도 죽기를 각오하고 싸우면 이기고, 살기를 바라고 싸우면 진다고 하지 않았나. 이것이 바로 배수진일세.'

한신의 말을 듣고 모든 장수가 감탄을 했지. 아까 너희가 결승전에 나가겠다는 생각 하나로 힘껏 뛴 결과 승리를 거둔 것과 같은 거야."

'배수진'이란 병법의 상식을 깨뜨렸던 명장 한신의 이야기에서 나온 말로, 반드시 이겨야겠다는 필사적인 각오로 싸움에 임한다는 뜻이랍니다.

토사구팽

필요할 때는 쓰고, 필요 없을 때는
야박하게 버리는 경우를 이르는 말.

한신은 항우를 물리치고 유방이 천하를 통일하는 데 큰 공을 세운 인물이에요. 유방은 황제에 오르자 한신의 공을 높이 사 그를 초나라 왕으로 봉했어요.

그런데 한신의 명성이 높아지고 힘이 점차 커지자 유방은 은근히 불안했어요. 게다가 한신이 반란을 꾀한다는 소문도 떠돌았거든요.

그러던 어느 날, 유방이 이런 명령을 내렸어요.

"내가 오랜만에 사냥을 즐기고 큰 잔치를 열 생각이니, 모든 제후는 한 사람도 빠짐없이 모이도록 하시오."

사냥과 잔치 핑계를 댔지만, 사실 한신을 체포하기 위한 계략이었어요. 한신은 이 소식을 듣고 오랫동안 고민했어요.

'아무래도 눈치가 이상해. 나를 노리고 있는 게 틀림없어. 이를 어쩌면 좋지? 가자니 체포될까 두렵고, 안 가자니 더욱 큰 의심을 받을까 걱정이고…….'

그때 한신의 부하가 말했어요.

"종이매를 처치한 다음 그의 목을 유방에게 갖다 바치면 의심을 풀 수 있을 것입니다."

종이매는 본래 항우의 밑에 있던 뛰어난 맹장이었으나 항우가 죽자 한신에게 투항해 온 장군이에요.

유방은 종이매에게 원한이 있었어요. 그래서 종이매가 한신의 아래에 있다는 말을 듣고는 목을 베어 올리라는 명령을 내린 상태였지요.

하지만 한신은 여전히 종이매를 숨겨 둔 채 유방의 명령을 따르지 않았어요. 항복한 장군을 죽이는 것은 도리가 아닐뿐더러 죽이기엔 너무도 아까운 장수였기 때문이지요.

어느 날, 한신은 종이매를 찾아가 그간의 사정을 속 시원히 털어놓았어요. 그러자 종이매는 몹시 화난 얼굴로 말했어요.

"유방이 그동안 당신을 치지 못한 것은 우리 둘이 같이 있기 때문이오. 그런데 이제 유방의 비위를 맞추기 위해 나를 잡아갈 생각이

라면 내 스스로 여기에서 목숨을 내놓겠소. 하지만 내가 없어지면 그다음은 당신 차례라는 걸 명심하시오!"

이렇게 말하고 종이매는 스스로 목숨을 끊었어요.

한신은 그 목을 가지고 유방을 만나러 갔어요. 그것으로 유방의 오해를 풀 수 있으리라 생각했지요.

그러나 결과는 정반대였어요. 유방은 종이매가 죽었다는 소식을 듣자 즉시 한신을 붙잡았어요.

'아, 종이매의 말이 맞았구나!'

한신은 뒤늦게 하늘을 우러러 탄식했어요.

'토끼 사냥이 끝나면 사냥개를 잡아먹고, 하늘을 나는 새가 떨어지면 활을 부러뜨리고, 적국이 망하고 나면 장수들을 내친다더니, 그 말이 맞구나! 내 그동안 유방을 도와 항우를 무찌르고 전쟁에 큰 공을 세웠건만, 이제 천하가 평정되었다고 나를 죽이려 하는가!'

결국 한신은 토끼몰이가 끝난 사냥개 신세가 되고 말았어요.

'토사구팽'은 토끼 사냥이 끝나면 사냥개를 삶아 먹는다는 뜻으로, 필요할 때 요긴하게 쓰다가 필요가 없게 되면 매정하게 버리는 비정한 인간 세상을 꼬집은 말이지요. 우리가 흔히 '팽 당하다.'라고 쓰는 말도 여기서 나온 거예요.

유언비어

아무 근거 없이 널리 퍼진 소문.

중국 한나라 때 두영이라는 뛰어난 장군이 있었어요. 두영은 이웃 나라의 침략을 물리치는 등 나라에 공을 많이 세웠어요. 그래서 당시의 황제인 경제는 그를 몹시 아끼고 사랑했어요. 당연히 두영은 벼슬도 높고 권세도 강했지요.

그러나 경제의 뒤를 이어 무제가 황제에 오르자 사정이 달라졌어요. 전분이라는 왕족이 세력을 키워 두영과 힘겨루기에 나선 거지요. 이후 두영의 세력은 차츰 기울기 시작했어요.

"이제 두영은 끈 떨어진 두레박 신세야. 그렇게 신임하던 경제 황제가 없으니 말야. 이제는 전분이 실세로 등장했다며?"

"응, 나도 그 소문 들었어. 앞으론 그분한테 잘 보여야 해. 그래야 출셋길에 지장이 없을 거야."

모두 이렇게 쑤군대며 전분의 환심을 사려고 애썼지요. 하지만 관부라는 장군만은 두영과의 의리를 지켰어요.

'달면 삼키고 쓰면 뱉는다더니……. 세상인심이 참으로 고약하군. 난 두영 장군과의 의리를 절대 배반하지 않을 거야.'

그 후 관부 장군은 연나라 공주와 결혼식을 올리게 되었어요. 그때 공교롭게도 전분과 두영이 자리를 함께하게 되었지요.

그 자리에서 술이 벌겋게 달아오른 전분이 거만하게 말했어요.

"요즘 어떤 사람을 일컬어 끈 떨어진 두레박이요, 이빨 빠진 호랑이라고 놀려 대는데, 누굴 보고 하는 말인지 아시오?"

갑자기 분위기가 험악해지자 사람들은 모두 숨을 죽였어요. 전분이 방자하게 웃으며 말을 계속했어요.

"바로 저기 앉은 두영이라는 늙은이를 두고 하는 말이오. 껄껄껄."

두영은 속에서 불덩이가 치밀었지만 꾹 참았어요. 그러나 옆에서 이를 지켜본 관부 장군이 전분을 꾸짖었어요.

"아니, 그 무슨 무례한 말이오? 옛말에 아무리 권세가 높아도 십 년을 가지 못한다고 했소. 그렇게 자기의 권세만 믿고 오만을 부리

다간 언젠가 큰 화를 당할 것이오."

결국 이 일이 빌미가 되어 관부와 두영은 옥에 갇히고 말았어요. 다만 두영은 지난날 반란군을 평정한 공적이 있었기 때문에 무제 황제가 곧 석방해 주었어요.

이 소식을 들은 전분은 다시 무서운 음모를 꾸몄어요.

'음……. 이 기회에 두영을 아예 없애 버려야지.'

다음 날, 온 장안에는 두영이 옥중에서 무제 황제를 욕하고 비난했다는 유언비어가 쫙 퍼졌어요. 이는 전분이 두영을 모함하기 위해 퍼뜨린 거짓 소문이었지요. 하지만 그 거짓 소문은 무제 황제의 귀에도 들어가 결국 두영은 처형되고 말았어요.

이 사건을 기록한 중국의 역사책 《사기》에는 유언비어 때문에 무제가 나라에 공이 많은 훌륭한 장군을 죽였다고 쓰여 있어요.

'유언비어'란 이처럼 흘러가는 말, 즉 근거 없이 떠도는 터무니없는 헛소문을 말한답니다.

양상군자

'대들보 위의 군자'라는 뜻으로,
도둑을 완곡하게 이르는 말.

    옛날 중국 한나라 말기에 진식이라는 사람이 있었어요. 그는 학식이 깊고 마음이 어질어 벼슬자리에 있으면서 고을 백성을 잘 다스렸어요.

    그러던 어느 해 극심한 흉년이 들어 백성들의 생활이 매우 어려워졌어요. 길거리에는 거지 떼가 들끓고, 농민들 중 더러는 도둑으로 변해서 먹을 것을 훔치기도 했어요.

    진식은 관가에 있는 창고의 양식을 풀어 굶주린 백성들을 구했지만, 그것만으로는 백성의 굶주림을 채울 수 없었어요.

    '아, 이 흉년을 무사히 넘겨야 할 텐데……'

그러던 어느 날, 진식이 책을 읽고 있는데 도둑이 몰래 들어와 대들보에 숨는 게 아니겠어요? 진식은 모른 체하고 계속 책을 읽었어요.

"공자께서 말씀하시길 나라에 도가 있을 때는 가난하고 천한 것이 부끄러운 것이요, 나라에 도가 없을 때는 부유하고 귀한 것이 부끄러운 것이니라……."

한참을 독서에 열중한 뒤 진식은 조용히 책을 덮었어요. 그러고는 아내에게 아들과 손자를 모두 불러오라고 일렀어요.

"아버님, 부르셨습니까?"

모두 모이자 진식은 엄숙한 말투로 물었어요.

"사람이 본래 악한 마음씨를 가지고 태어났겠느냐? 아니면 착한 마음씨를 가지고 태어났겠느냐?"

한 아들이 대답했어요.

"맹자께서는 사람의 본성은 선하지만 잘못된 환경에 처하게 되면 악해질 수도 있다고 했습니다."

"그래, 잘 대답했다! 본래부터 나쁜 사람이란 세상에 없느니라. 그러나 바늘 도둑이 소도둑이 되는 법! 작은 잘못을 자꾸 저지르다 보면 그것이 습관이 되어 점점 잘못된 길로 빠져드는 것이다. 이를테

면 바로 저기 대들보 위의 군자처럼 말이다."

도둑이 이 말을 듣고 눈물을 흘리며 스스로 대들보에서 뛰어내렸어요. 그러고는 진식 앞에 무릎을 꿇고 엎드려 죄를 빌었지요.

"죽을죄를 졌습니다. 제가 한순간 잘못된 생각을 먹고 이런 일을 저질렀으니 너그럽게 용서해 주십시오."

"자네 얼굴을 보아하니 나쁜 사람 같진 않구먼. 아마도 가난 때문에 그랬을 테지. 그렇다고 남의 물건에 눈독을 들여서야 되겠나?"

진식은 그렇게 말하며 비단 두 필을 꺼내 주었어요.

"자, 이것을 밑천으로 삼아 장사라도 해 보게!"

"아이고, 이 은혜 죽어도 잊지 않겠습니다. 흑흑흑!"

그 후로 이 고을에는 도둑이 없어졌다고 해요.

'양상군자'는 여기서 비롯한 말이에요. 대들보 위의 군자라는 뜻으로, 도둑을 완곡하게 이르는 말이랍니다.

백미

'흰 눈썹'이라는 뜻으로, 여럿 중 가장 뛰어난 사람이나 훌륭한 물건을 비유적으로 이르는 말.

"엄마, 엄마!"

아무리 불러도 대답이 없자 돌풍이는 안방으로 건너갔어요. 엄마는 텔레비전을 보느라 정신이 없었어요. 돌풍이도 엄마 옆에 조용히 앉았어요.

"엄마, 무슨 영화예요?"

"〈로미오와 줄리엣〉이야. 이 영화는 언제 봐도 감동적이야!"

"어떤 내용인데요?"

"로미오와 줄리엣은 서로 사랑하는 사이지만 두 집안끼리는 원수야. 그래서 이들의 사랑은 비극으로 끝나지."

영화에 푹 빠진 엄마는 보는 내내 손수건으로 눈물을 훔쳤어요.

"에구, 슬퍼라. 줄리엣이 진짜 죽은 줄 알고 로미오가 따라 죽다니! 저 장면은 역시 이 영화의 백미야. 쯧쯧……."

영화가 끝난 뒤에도 한동안 엄마의 눈물은 그치지 않았어요. 얼마 뒤 마음이 좀 가라앉았을 때 돌풍이가 물었어요.

"엄마, 백미가 뭐예요?"

"그건 '흰 눈썹'이란 말이야."

돌풍이는 이상하다는 듯 고개를 갸웃거렸어요.

"그럼 로미오와 줄리엣의 눈썹이 희단 말이에요?"

엄마가 아니라는 뜻으로 고개를 가로저었지요.

"그럼 아까 영화를 보고 왜 백미라 그러셨어요?"

"너 《삼국지》 읽어 봤지?"

"네, 유비, 관우, 장비가 조조랑 싸우는 얘기요?"

"그래, 잘 들어 봐라. 삼국 중에서 유비가 세운 촉나라에 마량이라는 사람이 있었어. 그는 재주가 뛰어나서 어려운 일도 척척 해내는 비상한 능력을 가지고 있었지. 그는 유비로부터 신임을 얻어 높은 벼슬에도 올랐단다."

돌풍이는 엄마의 무릎에 더욱 가까이 다가앉아 귀를 기울였어요.

"본래 마량은 형제가 다섯이었는데, 형제들 모두 영리하고 학문이 뛰어났어. 그중에서도 맏형인 마량이 재주가 가장 뛰어나 주위 사람들의 칭찬이 자자했지. 그런데 마량은 태어날 때부터 눈썹이 흰색이었어. 그래서 사람들은 그를 가리켜 '흰 눈썹', 즉 '백미'라 불렀지. 그 후 여럿 중에서 가장 뛰어난 사람, 혹은 좋은 것 중에서도 가장 좋은 물건을 가리켜 '백미'라고 했단다. 그러니까 아까 그 영화에서 엄마가 백미라고 말한 부분은 가장 슬프고 감동적인 장면이라는 뜻이야."

엄마의 얘기가 끝나자 돌풍이는 자기 방으로 들어가 물감과 붓을 꺼내 왔어요.

"아니, 돌풍아, 너 뭐 하려고 그러니?

"저도 눈썹에 흰 물감을 칠하고 다니려고요. 그래야 훌륭한 사람이 될 거 아니에요."

"맙소사, 저 엉뚱이를 누가 말려!"

출사표

출병할 때 그 뜻을 적어서 임금께 올리던 글로써, 큰일에 나서는 비장한 각오를 담은 선언을 일컫는 말.

"그래그래, 알았어. 그럼 우리 돌풍이 바꿔 줄게."

아빠는 전화기를 든 채 방에서 열심히 유세문을 외우고 있는 돌풍이를 불렀어요.

"돌풍아, 전화 좀 받아 봐라, 삼촌이다!"

돌풍이는 방 안에서 쪼르르 달려와 전화기를 들었어요. 수화기 너머로 삼촌의 목소리가 들려왔어요.

"응, 돌풍이구나. 너 출사표 던졌다면서?"

"네? 누가 무슨 사표를 던져요?"

"아니, 사표가 아니라 출사표. 그러니까 너 회장 선거에 출마한 거

말이야."

"아, 그거요? 그렇게 됐어요. 친구들이 저한테 확실하게 밀어줄 테니까 한번 나가 보라고 하도 떠밀어서……."

"그래, 아주 잘했다. 이왕 나간 거니까 힘껏 뛰어서 좋은 결과 있길 바란다. 삼촌이 뒤에서 응원해 줄게. 그리고 당선되면 맛있는 거 많이 사 주마."

"삼촌, 정말이죠? 야, 신난다!"

돌풍이는 전화를 끊고 아빠를 돌아보았어요.

"아빠! 아빠가 삼촌한테 저 회장 선거에 나간다고 얘기하셨어요?"

"응, 그래! 내가 자랑 삼아 얘기했지."

"그런데 출사표라는 게 무슨 말이에요?"

"아, 그건 선거에 나선 것을 가리키는 말이야."

돌풍이가 호기심 어린 얼굴로 눈을 깜박거렸어요.

"왜 그런 말이 생겼는데요?"

"출사표란 옛날 촉나라의 승상이었던 제갈공명의 일화에서 나온 말이지."

"아빠, 제갈공명이라면 《삼국지》에 나오는 인물 아니에요? 유비를 도와 촉나라를 세우고, 관우와 장비, 조자룡 등을 거느리고 신출귀

몰하는 기막힌 전술로 적을 무찔렀죠?"

"그래, 우리 돌풍이가 잘 아는구나. **출사표란 제갈공명이 위나라를 치러 가기 전에 그 뜻을 적어 황제에게 올린 글이야.** 제갈공명은 촉의 황제 유비가 죽은 뒤, 그 뒤를 이은 유선에게 두 번의 상소문을 올렸어. 앞의 상소문을 전출사표, 뒤의 것을 후출사표라고 하지. 이 글은 명문장으로 아주 유명해. 매우 비장한 각오로 쓴 이 출사표에

는 나라를 걱정하는 마음과 황제에 대한 충성, 그리고 천하를 통일해서 백성을 구하려는 큰 꿈이 절절히 배어 있단다."

"아아, 출사표는 전쟁을 하러 갈 때 임금께 올린 글이군요."

"그렇지! 그래서 요즘은 보통 선거를 앞두고 후보로 출마할 때 '출사표를 던졌다.'는 표현을 많이 쓴단다. 네가 이번에 회장 선거에 나간 것도 출사표를 던진 셈이지."

"아, 그렇구나! 이왕 출사표를 던졌으니 꼭 당선해야지!"

돌풍이는 아까 외우던 유세문을 다시 집어 들었어요.

읍참마속

공공의 이익이나 큰 목적을 위해서
자기가 아끼는 사람조차 버리는 것을 비유적으로 이르는 말.

　중국 삼국 시대에 촉나라와 위나라 사이에서 싸움이 일어났어요. 촉나라의 정치가 제갈공명은 위나라를 물리칠 자신이 있었으나 딱한 곳이 불안했어요. 바로 촉나라 군대의 식량 수송로인 가정 땅이었어요. 이곳을 위나라 군대에게 빼앗긴다면 촉나라 군사들은 독 안에 든 쥐 꼴이 될 게 분명했지요. 제갈공명은 이곳을 누구에게 맡길지가 큰 고민거리였어요. 이때 한 젊은 장수가 나섰어요.
　"공명 선생, 제가 그 땅을 지키겠습니다. 위나라 군사의 그림자도 얼씬거리지 못하게 할 테니 걱정 마십시오."
　이렇게 스스로 소임을 자청한 사람은 마속이었어요. 재주가 뛰어나고 앞으로 큰 재목이 될 인물이라 공명이 무척 아끼는 부하였어요.

하지만 공명이 선뜻 결단을 내리지 못하고 망설이자, 마속은 다시 간청했어요.

"저도 오랫동안 병법을 배웠는데 가정 땅 하나를 지켜 내지 못하겠습니까? 만약 제가 싸움에서 패한다면 군법에 따라 엄한 벌을 받을 것이니 믿어 주십시오."

"음, 자네의 각오가 정 그렇다니 한번 맡겨 보겠네. 하지만 만에 하나 실패하는 날이면 자네의 목이 달아날 줄 알게나."

그러고 나서 공명은 곧바로 계략을 일러 주었어요.

"가정의 산은 삼면이 절벽이기 때문에 그 산기슭에 진을 쳐서 막고 있으면 위나라 군대가 절대로 접근하지 못할 것이네."

마침내 마속은 군사를 이끌고 가정 땅에 도착했어요. 지형을 가만히 살펴보던 마속은 빙그레 웃었어요.

'이곳은 적군을 유인해서 역습하기에 꼭 알맞은 곳이군. 그렇다면 산기슭에 진을 칠 것이 아니라 산꼭대기에 진을 쳐야겠구나. 이번에 큰 공을 세워 공명 선생에게 내 실력을 보여 줘야지.'

마속은 제갈공명의 명령을 어기고 결국 산꼭대기에 진을 쳤어요. 그러나 마속의 작전은 빗나갔어요. 위나라 군사가 산기슭을 포위하고 물을 끊어 버리자 마속은 궁지에 몰렸어요. 하는 수 없이 군사를 이끌고 내려왔으나, 이를 미리 눈치 채고 있던 위나라 군사에게 역습을 당하여 크게 패하고 말았지요.

마침내 마속이 벌을 받게 되자 신하들이 말렸어요.

"마속은 유능한 인재입니다. 그를 잃는 건 나라의 큰 손실이니 공명 선생께서 한 번만 너그러이 용서해 주십시오."

"마속이 아까운 인재라는 걸 내 모르는 바 아니지만 군법은 누구에게나 공정해야 하오. 그를 잃는 건 나라의 손실일지 모르나 그를 용서하면 군대의 기강이 서지 않아 더욱 큰 손실이 올 것이오. 아까운 인재일수록 죄를 더욱 엄중히 벌해야만 대의가 바로 서는 것 아니겠소?"

마속이 형장으로 끌려가자 공명은 그 자리에 엎드려 통곡했어요. 이를 본 모든 병사도 공명의 마음을 헤아리고 울었어요.

'읍참마속'이란 눈물을 머금고 마속의 목을 베었다는 뜻이에요. 혹시 여러분이 잘못을 저질렀을 때 부모님이 매를 든다면 이는 읍참마속의 심정이라 할 수 있겠지요.

삼십육계 줄행랑

매우 급하게
도망치는 것을 이르는 말.

소곤소곤······. 쑥덕쑥덕······.

수지가 학교에서 수업을 마치고 돌아올 때였어요. 동네 꼬마들이 모여서 뭔가를 귓속말로 주고받다가 지나가던 수지를 힐끔 쳐다보며 킥킥거렸어요.

이상한 낌새를 챈 수지는 아이들의 얘기에 가만히 귀 기울였어요.

"킥킥, 저기 수지 누나 있잖아. 오늘 왜 학교에서 늦게 오는 줄 아니?"

"아니, 몰라."

"아까 돌풍이 형이 그러는데, 수학 시험 빵점 맞아서 선생님한테 보충 수업을 받고 오는 거래."

수지는 못 들은 척하고 그냥 지나쳤어요. 사실은 새 학기를 맞아 선생님과 교실을 꾸미느라 늦었던 거예요.

'돌풍이가 또 나한테 괜히 심술을 부리는구나. 만나기만 해 봐라!'

수지는 잔뜩 벼르며 골목을 돌아가던 중 놀이터 앞에서 돌풍이와 딱 마주쳤어요.

'원수는 외나무다리에서 만난다더니…….'

수지는 돌풍이를 잔뜩 노려보았어요.

"어…… 수지야, 지금 오니? 나 그만…… 갈게."

돌풍이는 수지의 눈길을 피하며 슬금슬금 뒷걸음질했어요.

"돌풍이, 너 각오해! 그냥 안 둘 거야."

"그게 말이야……. 에라, 이럴 땐 삼십육계 줄행랑이 최고다!"

돌풍이는 앞뒤 가리지 않고 멀리 도망쳐 버렸어요.

"야, 너 거기 서. 거기 서지 못해!"

'삼십육계'는 《육도》라는 병법책에 나오는 말이에요. 군사를 이끌고 싸울 때 쓰는 36가지의 계략 중 마지막인 36번째 계략에 상대방이 매우 강할 때는 달아나는 것이 가장 좋은 방법이라고 쓰여 있어요.

중국 남북조 시대 때였어요. 제나라의 장수 왕경칙은 군사를 일

 으켜 왕이 있는 도성으로 쳐들어갔어요. 왕과 사이가 좋지 않아 반란을 일으킨 거지요. 왕의 군사들은 반란군이 도망치려 하고 있다는 거짓 소문을 퍼뜨렸어요. 이에 왕경칙은 코웃음을 치며 소리쳤어요.
 "송나라의 명장인 단도제 장군은 갖은 계략 중에서 삼십육계 줄행랑을 으뜸으로 삼았다더군. 네놈들이야말로 달아나는 게 상책일 것이다!"

단도제는 싸울 때 늘 도망치면서도 번번이 승리를 거두었다고 해요. 그래서 '단공 삼십육계'라는 말이 생겨나기도 했지요.

왕경칙은 거침없이 싸워 승리했어요. 그러나 기쁨도 잠시, 제나라 왕의 군사들로부터 역습을 받아 크게 패하고 죽음을 맞았어요. 그 후 '삼십육계 줄행랑'이란 말이 사람들의 입에서 입으로 전해졌지요.

삼십육계 줄행랑을 비겁한 행동으로 생각할 수도 있어요. 하지만 도망치는 게 무조건 비겁한 건 아니지요. 일단 위험을 피했다가 힘을 기른 다음에 싸우는 것도 하나의 전략이 될 수 있으니까요.

천리안

'천 리 밖까지 내다보는 눈'이란 뜻으로,
사물을 꿰뚫어 보는 뛰어난 관찰력을 이르는 말.

　옛날 중국에 양일이라는 사람이 있었어요. 그는 지혜롭고 총명해서 스물아홉의 젊은 나이에 한 고을을 다스리는 현감이 되었어요. 하지만 현감이 된 뒤로는 방 안에 틀어박혀 책만 읽을 뿐 아무것도 하지 않았어요.
　"자왈, 학이시습지면 불역열호아라! 공자님이 말씀하시기를, 배우고 때로 익히면 또한 기쁘지 아니한가."
　현감은 고을을 다스리는 일에는 도대체 관심이 없는 것처럼 보였어요. 그러자 밑에 있던 벼슬아치들이 현감을 얕보기 시작했어요.
　"아직 젊고 순진해서 세상 물정을 모르는구나."

벼슬아치들은 현감의 눈을 피해 백성들을 괴롭히며 마구 재물을 빼앗았어요. 그 때문에 백성들의 불만이 이만저만이 아니었어요.

"에구, 벼슬아치들 등쌀에 못 살겠구먼."

"그러게 말일세. 관리들이 백성들을 이렇게 괴롭히는 것도 모르고 현감은 매일 책만 읽고 있으니……. 정말 답답해!"

고을 백성들은 하나같이 현감을 원망했어요. 하지만 사실 현감은 관리들의 잘못을 낱낱이 알고 있었어요. 비밀리에 부하들을 풀어 고을 곳곳에서 일어나는 일들을 다 듣고 있었거든요.

어느 날, 현감은 고을의 관리들을 한 명씩 불러들였어요.

"네 이놈, 네 죄를 네가 알렷다!"

"아니, 무슨 말씀입니까? 저는 아무런 죄도 없습니다요."

관리는 현감이 아무것도 모를 거라고 생각해 시치미를 뚝 뗐어요.

"이놈, 네가 저 윗마을 장 씨네 황소를 강제로 빼앗은 사실을 내가 훤히 알고 있다! 감히 나를 속이려 들다니……. 여봐라! 저자에게 곤장 20대를 쳐라!"

"아이고, 잘못했습니다."

한 관리의 문초가 끝나자 다음 관리를 대령시켰어요.

"네 이놈, 너는 저 아랫마을 이 노인 댁 논 두 다랑이와 밭 세 마지기를 강제로 빼앗은 사실이 있으렷다!"

"아이고……. 나리, 한 번만 용서해 주십시오."

"여봐라, 저자가 빼앗은 논밭을 모두 주인에게 돌려주고, 저자에게는 곤장 10대를 쳐라!"

현감은 그동안 나쁜 짓을 했던 탐관오리들을 하나하나 가려내어 벌을 주었어요.

그러자 백성들은 감탄했어요.

"현감 어른은 천리안이야. 어떻게 방 안에 앉아 책만 읽으면서 천 리 밖의 일을 훤히 다 아실까?"

그 뒤로 고을에는 관리들의 부정부패가 자취를 감추었어요. 아무리 몰래 나쁜 짓을 저질러도 현감이 다 알 거라고 믿었기 때문이지요.

'천리안'이란 여기서 비롯한 말이에요. 천 리 밖까지 내다보는 눈이라는 뜻으로, 가만히 앉아서도 멀리서 일어나는 일까지 꿰뚫어 보는 관찰력을 가리킨답니다.

철면피

'쇠로 만든 낯가죽'이라는 뜻으로,
염치가 없고 뻔뻔스러운 사람을 낮잡아 이르는 말.

옛날 중국 송나라에 왕광원이라는 사람이 있었어요. 그런데 이 사람은 출세를 위해서라면 수단과 방법을 가리지 않았어요. 특히 윗사람에게 아첨이 심했지요.

어느 날, 높은 벼슬아치 하나가 시를 한 수 지었어요. 그러자 옆에 있던 왕광원이 말했어요.

"아, 이런 훌륭한 시는 제가 열 번을 죽었다 깨어나도 보기 힘들 것입니다. 정말 어르신의 높으신 인품이 그대로 담겨 있는 명문 중의 명문입니다. 이태백이 살아 돌아온다 해도 이런 시는 쓰지 못할 것입니다."

그의 말에 사람들이 눈살을 찌푸렸어요.

"쯧쯧, 저 친구 또 시작이구먼. 정말 눈꼴시어 못 봐 주겠군!"

"그러게 말일세. 어쩌면 사람이 저렇게 능청스럽게 아첨을 떨 수 있는지, 원!"

하지만 그는 주위의 다른 사람들이 흉을 보거나 말거나 전혀 신경을 쓰지 않았어요. 그저 좀 높은 벼슬아치다 싶으면 있는 말 없는 말 온갖 아부를 다 떨었지요.

한번은 어느 고관이 술에 취해서 길을 걷고 있는 모습을 보고 쪼르르 달려가 인사를 올렸어요.

"나리, 그동안 평안하셨습니까?"

그를 본 고관은 술김에 채찍을 들고 이렇게 말했어요.

"오, 자넨가? 내 이 채찍으로 자네를 때리고 싶은데 한번 맞아 볼 텐가?"

고관은 그저 술주정을 한 것뿐인데 그는 정말로 등을 돌려 댔어요.

"예, 어르신이 때리는 매라면 기꺼이 맞겠습니다."

고관은 진짜로 때렸어요. 그래도 왕광원은 화를 내지 않고 헤헤 웃으며 고관의 비위를 맞추었어요.

"헤헤헤, 나리께서 때리는 매를 맞다니 정말 영광입니다. 기분이

풀릴 때까지 마음껏 때려 주십시오."

왕광원이 아양 떠는 꼴을 보다 못한 친구가 그에게 핀잔을 주었어요.

"자네는 창피하지도 않나? 어떻게 그런 모욕을 당하며 산단 말인가!"

"모르는 소리 말게! 그분은 벼슬이 높은 사람일세. 그분께 잘 보여

두면 얼마나 이로운지 알기나 하나? 난 그분이 똥을 먹으라면 먹는 시늉도 할 걸세."

그의 대답에 친구는 그만 말문이 막혀 버렸어요.

이 소문이 온 나라에 퍼지자 사람들은 그를 가리켜 "낯가죽이 두껍기가 열 겹의 철갑 같다."고 했어요.

'철면피'란 말은 여기서 나왔어요. 오늘날 뻔뻔스럽고 염치를 모르는 사람을 일컫는 말이지요.

숙맥

콩과 보리도 구별하지 못한다는 '숙맥불변'에서 나온 말로, 사리 분별을 못 하고 세상 물정을 잘 모르는 사람을 일컫는다.

주희는 중국 송나라 시대의 훌륭한 학자예요. 훗날 사람들은 주희를 높이 기리어 '주자'라 부르며, 공자와 맹자 뒤를 잇는 유교 성인의 반열에 올려놓았지요. 그가 집대성한 성리학은 조선 오백 년 통치의 바탕이 되는 사상으로서 우리나라 정치에 큰 영향을 주었어요.

주희가 어렸을 때의 이야기예요.

어느 날, 주희는 형을 앉혀 놓고 방바닥에 콩과 보리를 주루룩 쏟았어요. 주희와 달리 형은 그리 똑똑하지 않았기에 콩과 보리를 구별하지 못했지요. 그래서 동생인 주희가 형을 가르치는 중이었어요.

"형님, 잘 보십시오. 요렇게 크고 둥글둥글하게 생긴 게 콩이란 말입니다."

주희는 콩을 들고 자세히 설명했어요. 형은 줄줄 흘러나오는 코를 훌쩍이면서 고개를 갸우뚱거렸어요.

"응? 그건 보리 아닌가?"

주희는 하도 답답해 속으로 가슴을 쳤지만 형에게 화를 낼 수는 없었어요. 주희가 이번에는 보리를 들고 천천히 부드럽게 말했어요.

"형님, 이게 보리입니다. 보세요. 콩보다 작고, 생긴 것도 콩은 동글동글한데 보리는 납작하죠."

주희는 몇 번이나 되풀이해서 콩과 보리를 설명했어요. 콩과 보리를 번갈아 가며 한참 뚫어지게 쳐다보던 형은 그제야 구별이 간다는 듯 고개를 끄덕였어요.

"음, 이제 알았어. 둥글고 큰 것이 콩이고, 약간 납작하고 작은 것이 보리지?"

"예, 형님. 맞습니다."

주희는 가르친 보람이 있자 흡족한 얼굴로 웃었어요.

다음 날이었어요. 주희가 형에게 부탁했어요.

"형님, 창고에서 콩 좀 꺼내다 주실래요?"

착한 형은 얼른 창고로 들어가 주희가 얘기한 걸 부대째 가져왔어

요. 부대를 펼쳐 본 주희는 어이가 없어 할 말을 잊고 말았어요.

"형님……."

"왜 뭐가 잘못된 거야?"

"어제 그렇게 얘기해 주었는데도……. 형님, 이건 보리잖아요! 보리!"

형은 무안을 당하자 얼굴이 새빨개졌어요.

옛 한자 숙어에 '숙맥불변'이란 말이 있는데, 이는 콩과 보리도 구별하지 못한다는 뜻이지요. 여기서 '콩과 보리'를 한자말로 하면 '숙맥'이에요. 즉, 주희의 형처럼 콩과 보리도 구별하지 못할 정도로 어리석고 세상 물정을 잘 모르는 사람을 가리켜 숙맥이라고 하지요.

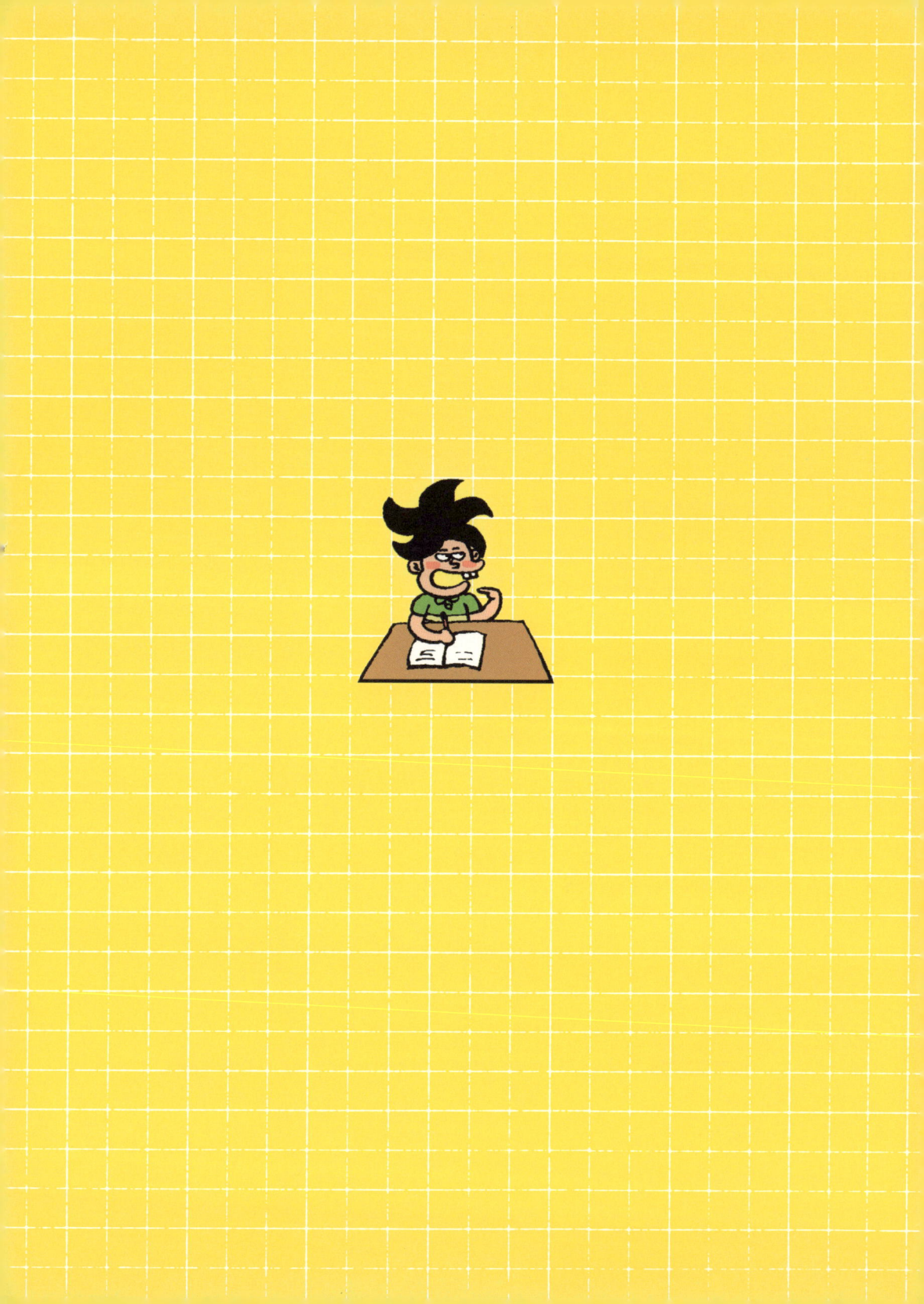

국어 공부가 되는 초등 어휘력

1판 1쇄 발행일 2014년 6월 2일
개정판 2쇄 발행일 2022년 3월 25일

지은이 장세현
그린이 이경석

발행인 김학원
발행처 휴먼어린이
출판등록 제313-2006-000161호(2006년 7월 31일)
주소 (03991) 서울시 마포구 동교로23길 76(연남동)
전화 02-335-4422 **팩스** 02-334-3427
저자·독자 서비스 humanist@humanistbooks.com
홈페이지 www.humanistbooks.com
포스트 post.naver.com/hmcv **인스타그램** @human_kids

편집 정은미 이주은 **디자인** 유주현
용지 화인페이퍼 **인쇄** 삼조인쇄 **제본** 광현

ⓒ 장세현, 2020

ISBN 978-89-6591-396-2 73700

- 이 책은 《역사와 문화로 배우는 초등 교과서 어휘 68》의 개정판입니다.
- 이 책은 저작권법에 따라 보호받는 저작물이므로 무단 전재와 무단 복제를 금합니다.
- 이 책의 전부 또는 일부를 이용하려면 반드시 저작권자와 휴먼어린이 출판사의 동의를 받아야 합니다.
- **사용 연령 8세 이상** 종이에 베이거나 긁히지 않도록 조심하세요. 책 모서리가 날카로우니 던지거나 떨어뜨리지 마세요.